Gertrud Osterwald

Wiedergeburt aus dem Abgrund

phoenix

I

GERTRUD OSTERWALD

Wiedergeburt aus dem Abgrund

Die Überwindung von Angst und Furcht

URACHHAUS

Die Autorin:

Gertrud Osterwald, geboren 1919, ist seit 1964 als Priesterin der Christengemeinschaft in Berlin tätig.

Inhalt

Was tun?

Die Entwicklung innerhalb unserer heutigen Welt scheint sich immer deutlicher auf einen Abgrund zuzubewegen. Die Auswirkungen des rasanten Fortschritts in der Nutzung von Technik und Atomenergie beginnen, der Herrschaft des Menschen zu entgleiten und sind ihr zum Teil bereits entglitten. Die Unfähigkeit der einzelnen wächst, mit anderen in kleinen oder größeren Gemeinschaften zusammenzuleben oder -zuarbeiten. Es wächst auch die Hemmungslosigkeit und Brutalität im Umgang miteinander. In den Städten, und nicht nur dort, ist fast niemand mehr seines Lebens sicher. Die brennenden Weltprobleme, von deren Lösung das Leben der Menschheit auf unserem Planeten abhängt, bleiben weitgehend ungelöst, weil sich eine ehrliche Zusammenarbeit nicht realisieren läßt und niemand, wenige ausgenommen, bereit ist, Opfer zu bringen oder auf den einmal errungenen Lebensstandart wenigstens teilweise zu verzichten. Jeder weiß, daß die Katastrophen kommen werden, daß wir am Rande des Abgrunds stehen, aber man hofft, daß die Untergänge noch auf sich warten lassen, obwohl sie längst begonnen haben.

Im Innern der Menschen hat sich der Abgrund längst aufgetan. Undefinierbare Ängste steigen herauf, deren sie nicht Herr werden können. Unheimliche Gewalten der Tiefe, die den Willen zu Taten der Zerstörung aufstacheln, greifen nach ihnen. Wieder andere leben ständig in Furcht, so daß sie den Boden unter ihren Füßen immer mehr verlieren.

Die enorme Steigerung solcher seelischen Probleme hat bei vielen Zeitgenossen krankhafte Zustände ausgelöst: Da gibt es die verschiedenen Arten der *Phobien*, bei denen eine intensive Furcht vor bestimmten Situationen, sozialen Verhältnissen, Menschen, »unsympathischen« Tieren oder anderem besteht.[1] Dann sind da die vielen undurchschaubaren Ängste. Sie können einen Menschen derartig verfinstern, quälen und umtreiben, daß er krank wird, obwohl er gar nicht sagen könnte, woher die Angst plötzlich in ihm aufsteigt.

Daß in unserem Jahrhundert immer mehr Menschen von solchen Krankheiten heimgesucht werden, gehört zu den beunruhigenden Zeichen unserer Zeit. (Auf die krankhaften Formen von Furcht und Angst soll in den folgenden Kapiteln nicht direkt, sondern nur mittelbar eingegangen werden, da ihre Behandlung in erster Linie in die Hand des Arztes oder Psychotherapeuten gehört.)

Der bekannte Arzt und Heilpädagoge Dr. *Karl König*[2] (1902–1966) charakterisiert Furcht und Angst auf folgende Weise: »Furcht« stammt von dem anglo-sächsischen *foer*, das eine plötzliche Gefahr und ein drohendes Unheil bedeutet und einst im Zusammenhang mit den Gefahren des Reisens verwendet wurde. Es ist das deutsche Wort *Furcht*, das englische *fear*. Dagegen ist *Angst* vom lateinischen *angustia* abgeleitet, das einen Zustand des Druckes, der Engigkeit, wiedergibt. – Angst ist eine Art anhaltender, über uns hereinbrechender Stimmung; sie wächst langsam, aber stetig heran und kann Tage und Wochen hindurch dauern. Furcht ist ein plötzlicher Überfall, in der Regel auch intensiver und daher dramatischer. Furcht ist ein Drama, Angst eine Elegie … Diese Unterscheidung zwischen Angst und Furcht ist sehr wichtig. Furcht ist immer an ein Objekt gebunden; Angst, wenigstens in ihren Anfängen, ist es nicht. Im weiteren Verlauf kann es allerdings eintreten, daß die Angst sich mit einem äußeren Objekt verbindet und sich sehr intensiv daran klammert. Wenn Angst eintritt, ist es also eine generelle Stimmung mit verschiedenen Graden der Intensität. Von einem kaum merkbaren dumpfen Gefühl kann sie zur überwältigenden Emotion werden …«

Was ist zu tun, wenn uns die Angst allmählich überwältigt oder wenn uns die Furcht jäh überfällt? Wenn wir bemerken, daß wir diesen mächtigen Gemütsbewegungen weitgehend ausgeliefert sind? Wenn wir erkennen müssen: Es nützt nichts, sich einreden zu wollen, die Angst sei nur unsere Einbildung. Es nützt nichts, daß wir versuchen, diese Emotionen einfach zu unterdrücken. Wir sind ihnen gegenüber ohnmächtig!

Um mit solchen Mächten umgehen zu lernen, bedarf es stärkerer Kräfte als derjenigen, die wir normalerweise im Alltag zur Verfügung haben. Doch wo sind sie zu finden, diejenigen Kräfte, deren wir gerade im Ringen mit der Angst ganz besonders bedürfen? In welchen Gestalten erfaßt uns die Angst, und wo liegen ihre Wurzeln?

In den drei folgenden Kapiteln soll zunächst versucht werden, Antworten auf die Fragen zu finden, die mit dem Phänomen der *Angst* zusammenhängen.

Angst in wechselnder Gestalt

Trennungsangst

Angst ist eine der Grunderfahrungen des irdischen Daseins. Sie ist das erste Erlebnis eines zur Erde geborenen Menschenkindes, und dieses ist ihr hilflos preisgegeben und kann sie nur fühlen und erleiden. Aus der Geborgenheit des mütterlichen Schoßes wird es ausgestoßen, hineingeworfen in eine fremde, kalte Welt, abgetrennt vom umhüllenden mütterlichen Organismus. Michaela Glöckler beschreibt diese erste Angst als Trennungsangst: »Urbild für den Beginn der Angst ist die Abnabelung bei der Geburt. Der Schutz, die Hülle, die Geborgenheit sind verloren – ein abgetrennter, isolierter, einzelner Organismus ist da … Angst hängt immer zusammen mit dem Getrenntsein, mit dem Abgeschnürtsein, mit diesem sich Unsicher-Fühlen, mit diesem Nicht-wirklich-im-Zusammenhang-Befinden.«[3]

Todesangst

Diese Angst kann auch im späteren Leben unvermittelt aufsteigen: vor oder nach einer schweren Operation, bei einem Herzanfall oder in einer anderen lebensbedrohenden Situation. Sie ist mit der *Todesangst* verwandt,[4] der wir zunächst ebenso hilflos preisgegeben sind wie das Kind der Trennungsangst bei der Geburt. Karl König beschreibt sie als eine dunkle Wolke, die sich über unser gesamtes seelisch-geistiges Sein legt: »Die aufsteigende Angst durchdringt fast vollständig unser Wesen, und die organischen Veränderungen nehmen mit der Intensität des Zustandes zu. Schwitzen, Zittern, Bewegungsunfähigkeit, Herzklopfen, Zähneklappern, Unrast, Durchfall und andere Anzeichen schweren oder leichteren Grades können das seelische Erleben der Angst begleiten ... Ein allgemeiner Erregungszustand ergreift die Seele und gleichzeitig die körperlichen Funktionen. Es ist, als ob der Schmerzensschrei der ganzen Schöpfung in der Seele widertönen würde.«[5]

Was sich innig miteinander verbunden hat, das reißt der Tod aus dem Zusammenhang, das trennt er voneinander, das isoliert er! Und er macht da keine Ausnahmen. Für alle, die auf dieser Erde leben, gilt das eherne Gesetz: Wer geboren wird, muß auch einmal sterben. Über unserer Welt liegt wie eine tiefe Tragik, wie ein unabwendbares Verhängnis der *Schatten des Todes*. Angst ergreift uns, wenn wir unmittelbar in diesen Schatten hineingeraten und er uns Atem und Besinnung rauben will.

Dieses unheimliche, über der ganzen Menschheit schwebende Verhängnis wird für den norwegischen Maler *Edvard Munch* (1863-1944) zur äußeren Wahrnehmung. War er doch seit seiner Kindheit mit dem

Tode vertraut: »Mein Zuhause war ein Zuhause der Krankheit und des Todes. Wahrscheinlich bin ich über das Unheil dort niemals hinweggekommen. Es hat auch meine Kunst geprägt«, so äußert er sich über seine Kindheitserlebnisse. Und im Alter: »Ich bin schon einmal gestorben, als ich geboren wurde.«

In den Jahren 1892 bis 1894 entstanden hauptsächlich Werke, die sich mit den Themen Angst und Verzweiflung auseinandersetzen. Munch berichtet von einem Spaziergang mit Freunden, bei dem sich plötzlich eine unheimliche, bedrohliche Stimmung über die Landschaft herabsenkte:

»Ich stand still und lehnte mich an das Geländer. Über dem blau-schwarzen Fjord und über der Stadt lag der Himmel wie Blut und wie Feuerzungen. Meine Freunde gingen weiter, und ich stand allein, bebend vor Angst. Mir war, als ging ein mächtiges, unendliches Geschrei durch die Natur.« Aus diesem Erleben entstand 1893 das erschütternde Bild *Der Schrei*, in dem sich Angst und Entsetzen der ganzen Menschheit aussprechen.

Ähnlich beeindruckend ist eine Arbeit aus dem Jahre 1894. Sie zeigt schwarzgekleidete Passanten, die mit weit aufgerissenen Augen und starren Mienen dem Betrachter entgegenkommen. »Menschen hinter ihrer Maske … auf einem gewundenen Weg, an dessen Ende das Grab lauert«, sagt Munch dazu. Er hat diese Arbeit *Angst* genannt.

Umweltangst

Neben der Leibes- und Todesangst greift auch eine allgemeine Unsicherheit und Beklemmung gegenüber dem Dasein nach uns. Die Seelen fühlen sich umgeben von Unbekanntem, Unheimlichem, das überall lauert. Diese Angst kann als *Umweltangst* bezeichnet werden.

Familie, Stadt, Landschaft, mit denen wir verbunden sind, bedeuten nicht mehr in jedem Falle umfriedete Bereiche, vertraute Heimat, Schutz und Sicherheit. Die Erde ist nicht mehr der unerschütterlich feste Boden unter unseren Füßen. Der irdische Werderaum, auf dessen Bestand wir uns bisher so selbstverständlich verlassen haben, ist bedroht. Wir wissen heute, wie verletzlich die Sphäre ist, in der wir leben. Eine kleine Veränderung im Zusammenspiel der Kräfte, eine ganz geringe Veränderung der Erdbahn, und die Bedingungen für pflanzliche, tierische und menschliche Existenz wären nicht mehr gegeben.

Nicht, daß jeder alle Einzelheiten genau wüßte. Man *fühlt* die allgemeine Unsicherheit, und es wird einem angst. Viele ahnen, daß die Fortschritte der Wissenschaft und Technik trotz ihrer faszinierenden Größe bedrohliche Entwicklungen in Gang gesetzt haben, die auf uns zurückzuschlagen beginnen. Wehrt sich die Natur? Unaufhörlich brechen Katastrophen herein: Überschwemmungen, Wirbelstürme, Vulkanausbrüche, Erdbeben. Dazu kommen die durch technisches oder menschliches Versagen hervorgerufenen Unfälle, die Störfälle, die durch den Umgang mit der

Atomenergie und die Herstellung chemischer Produkte eintreten können. Und nicht zuletzt die Gewalttaten und Verbrechen, deren Zahl und Brutalität fortwährend wächst, bis hin zu den unendlichen Leiden und Zerstörungen, die durch Kriege entstehen können. Niemand ist seines Lebens mehr sicher.

Und wie verhalten wir uns, wenn Böses von uns verlangt wird und uns Gefängnis oder Tod drohen, sofern wir uns weigern? Macht uns dann die Angst zu Lügnern, Feiglingen, Verrätern oder gar zu Mördern? Wer wollte in solcher Lage wohl selbstsicher von sich sagen: Wenn auch alle sich so verhalten, ich würde so etwas niemals tun?

Das ergreifende Stück des schweizer Schriftstellers Max Frisch *Nun singen sie wieder. Versuch eines Requiems*, das er 1945 unter dem Eindruck der letzten Kriegsjahre schrieb, beginnt damit, daß gerade einundzwanzig Geiseln erschossen worden sind – Männer, Greise, Frauen und Kinder. Der Pope des nahen Klosters hat für sie das Grab geschaufelt. Nun redet ihn Herbert, ein deutscher Offizier, an:

Herbert: Schwöre, daß du nicht schwatzen wirst, wenn wir weggegangen sind. Schwöre es.
Pope: Ich schwöre es.
Herbert: Schwöre, daß du nichts mit eigenen Augen gesehen hast.
Pope: Du hast mir die Augen verbunden.
Herbert: Schwöre es!
Pope: Ich habe nichts gesehen, ich schwöre es.
Herbert: Und auch gehört hast du nichts?

Pope: Sie haben gesungen.

Herbert: Schwöre, daß du nichts gehört hast, oder wir erschießen dich auch.

Pope: Mich?

Herbert: Ich zähle bis zehn. Verstanden?

Pope: Mich?

Herbert: Eins, zwei, drei, vier, fünf, sechs, sieben –

Pope: Ich schwöre es.

[…]

Soldat Karl: Wären wir ihm nicht begegnet, Herbert, er wäre kein Halunke geworden; du hast ihn dazu gemacht. –

Herbert: Angst, Angst, alle haben Angst vor uns! … Alle haben Angst vor unserer Macht. Sie schwören Eide, die Meineide sind … Auch der Pope wird erschossen! …

Rätselhaft bleibt, daß es auch in der sogenannten »freien Welt« Verbrechen und Grausamkeiten gibt. Tragen die Medien mit ihren Gewaltdarstellungen und Horrorfilmen die Schuld daran? Oder reagieren Menschen ihre eigene Angst ab, indem sie sich in die Gewalt flüchten? Die Umweltangst scheint berechtigt zu sein, da wir das Böse auf der ganzen Linie im Vormarsch sehen.

Es besteht kein Zweifel: die Zerstörung unserer irdischen Lebensgrundlagen war noch nie so nahe wie jetzt. Das Verlassen unserer geistigen Daseinsgrundlagen geht damit bemerkenswerterweise parallel. Wurden sie vergessen? Gingen sie verloren oder wurden sie in uns oder durch uns systematisch ausgelöscht? An ihre Stelle ist die Leere getreten als Folge eines ideellen oder praktischen Materialismus.

So macht sich Resignation in der Seele breit: Wir haben nichts Gutes mehr zu erwarten. Zugleich wächst in vielen der Trieb, wenigstens das mitzunehmen und festzuhalten, was das Leben bietet. Denn wenn das Irdische das Einzige ist, worauf wir bauen und uns verlassen, dann – so schreibt der Apostel Paulus an die Gemeinde in Korinth – haben diejenigen völlig recht, die da sagen:

> *Lasset uns essen und trinken* (und das Leben genießen), *denn morgen sind wir tot.* (1Kor 15,32)

Im Bann der Schwere

Verborgen und zunächst völlig unbemerkt können noch andere Ängste in uns entstehen. Sie machen sich erst im Laufe unseres Lebens durch den Umgang mit dem Erdenstoffe allmählich bemerkbar.

Vor unserer Verkörperung sind uns diese Kräfte der Schwere fremd. Denn wir leben in der göttlich-geistigen Welt in einer Sphäre des Lichts und der Leichte, in der Gemeinschaft mit Verstorbenen und Ungeborenen im Schoße der göttlichen Wesenheiten. Mit der Geburt jedoch werden wir mehr und mehr auf uns selbst gestellt und müssen eine intensive Verbindung mit den irdischen Stoffen, Elementen und Kräften eingehen, um unseren Leib aufzubauen und ihn zum Instrument unseres Erdenwirkens zu gestalten.

Dazu bedürfen wir eines gesunden, starken Knochengerüstes, das dem Leibe Aufrichtung und freie Beweglichkeit ermöglicht. Und so ist dem Skelett der zentrale Bereich der Schwerkraft zugeordnet, die durch ihre zentripetale, zusammenziehende Wirkensweise seine Festigkeit herbeiführt. Hier liegt ihr ureigenes Kraftfeld. Betätigt sie sich jedoch in der menschlichen Seele, in die sie gar nicht hineingehört, dann wird ihre beengende, zusammenpressende Gewalt als *Angst* erlebt. Die bekannte Redewendung »Die Angst steckt uns in den Knochen« deutet darauf hin.

Wie kann nun diese Kraft aus dem Knochenbereich in die Seele gelangen? – Es gibt Menschen, deren Seelen eigentlich ständig unter einem Druck leiden, der ihnen das Aufrichten verwehrt. Alles, was geschieht, »nehmen sie schwer«. Die Lebensaufgaben, das eigene Schicksal, Art und Charakter der Mitmenschen im Umkreis, alles wird als eine kaum zu ertragende Last empfunden. Solche Stimmungen können wohl für kurze Zeit einmal aufkommen. Jeder kennt das. Nisten sie sich aber auf Dauer in der Seele ein und werden zum dominierenden Lebensgefühl, dann wird die Seele den verfestigenden, zusammenpressenden Kräften verwandt, und diese können dort wie in ihrem eigenen Wirkensbereich tätig sein und nun als Angst herrschen.

In der Kindheit sind solche Entwicklungen selten. Denn das Kind hat von Natur aus noch so viel Leichte, Frische und Freude in sich, daß Kummer und Bedrükkung meist nur von kurzer Dauer sind. Die Gefahr, dem *Weltdruck* zu erliegen, wird für den Erwachsenen zunehmen, sofern nicht Quellen innerer Aufrichtung und Freude entdeckt werden.

Lebensangst als Folge seelischer Erstarrung

Eine andere Gestalt der Angst hängt mit der Übermacht der sichtbaren, materiellen Welt zusammen. Wir können dem Stoffe verfallen, wir können im Stoff untergehen:

Es ist Lebenspraxis geworden, Wünsche, Begierden, Aktivitäten ausschließlich auf die irdischen Dinge zu richten. Es ist auch nicht ungewöhnlich, sich mit seinem Leibe so stark zu identifizieren, daß man empfindet: mein Leib und ich sind ein und dasselbe. – Auch läßt sich unter dem Einfluß materialistisch orientierter Wissenschaft mühelos denken, daß die Materie die alleinige Wirklichkeit sei. Solche Vorstellungen machen es schwer, an die Wirklichkeit des Geistes heranzukommen.

Je mehr die Entwicklung in dieser Richtung fortschreitet, desto intensiver meldet sich die Angst. Nicht nur, weil wir alle etwas zu verlieren haben. Diese Angst ist viel innerlicher und bedrängender. Wir können sie *Lebensangst* nennen. Viel wird unternommen, sie zu betäuben oder zu verdrängen. Es nützt nichts – sie wird sich in anderer Weise bemerkbar machen.

Wodurch wird sie hervorgerufen? – Die einseitige Hingabe an den Erdenstoff macht sich im Laufe der Zeit in unserem Inneren sehr deutlich bemerkbar. Sie wirkt ausdörrend, abtötend oder führt zu seelischer Erstarrung, wie sich am Leben eines der bedeutendsten Naturforscher des vorigen Jahrhunderts ablesen läßt:

Charles Darwin (1809-1882), dessen genial-einseitige Evolutionstheorie nur die irdisch-physische Seite ins Auge faßt, ihre spirituelle dagegen außer acht läßt, hatte zielstrebig und mit eisernem Fleiß über Jahrzehnte für seine Forschungen gelebt. Er war ein bescheidener Mensch und liebevoller Familienvater. In jungen Jahren hatte er Musik, Malerei und Poesie außerordentlich geliebt, und er konnte voller Staunen und Begeisterung die Wunder der Natur in sich aufnehmen. Allmählich aber stellte sich eine tiefgreifende Veränderung in seinem Inneren ein. – Seine Frau Emma, ihm geistig ebenbürtig und voller Interesse für seine Arbeiten, bemerkte das mit Kummer und großer Sorge und mahnte ihn öfter, den Geist nicht zu vergessen. – Später entdeckte Darwin selbst mit tiefer Beunruhigung den Verlust seines höheren, ästhetischen Empfindens, so daß ihm Musik und Malerei gleichgültig, die Poesie sogar unangenehm geworden war. Selbstkritisch konstatierte er in seiner Autobiographie, daß die Einseitigkeit seiner wissenschaftlichen Tätigkeit wohl eine Veränderung in seinem Gehirn mit sich gebracht haben müsse, so daß die höheren Geschmacksempfindungen in ihm verkümmerten. »Mein Geist scheint eine Art von Maschine geworden zu sein, die dazu dient, allgemeine Gesetze aus großen Sammlungen von Tatsachen herauszumahlen.«

Nicht jeder beobachtet mit wachem Bewußtsein so genau, was in der Seele vorgeht, wie Darwin. Meist wird nur bemerkt, daß in den Tiefen etwas rumort, nicht, was uns da eigentlich so beunruhigt. Es ist die Tatsache, daß wir von der wahren Wirklichkeit abgeschnitten sind und uns in Isolation befinden, weil wir uns zu tief mit der Materie verbunden haben und den Zugang zu den Lebensquellen nicht mehr finden. Wir sind *festgefahren* und können nicht wieder zurück, etwa in die Welt der Kindheit oder in den Schoß früherer Religionen, die einst unbewußt Zugang zu solchen Quellen hatten. Und auch nach vorwärts, zu neuen Ufern, ist uns der Weg verbaut durch unsere intelligenten, der Materie verhafteten Denkgewohnheiten und die daraus hervorgegangenen Lebensgewohnheiten.

Wie unverzichtbar schon allein ein echter Zugang zu der lebendigen Weisheit im Elementarbereich der Natur ist, zeigen uns die Bilder des Grimmschen Märchens vom Wasser des Lebens:

Zwei Königssöhne ziehen nacheinander aus, um für ihren kranken Vater das Wasser zu holen. Beide halten sich für überaus klug. Darum verachten sie den Zwerg, das Elementarwesen, das ihnen den Weg weisen könnte. Bald darauf geraten sie in eine Bergschlucht, und der Weg wird so eng, daß sie keinen Schritt mehr vorwärts tun können. Weder läßt sich das Pferd wenden, um zurückzureiten, noch können sie aus dem Sattel steigen; jeder sitzt da wie eingesperrt.

Das Bild der Angst, der Enge, des Eingeklemmt- und Festgefahrenseins steht vor uns.

Ist die Situation im Leben des Einzelnen wie der großen Menschengemeinschaft nicht ähnlich? Eine Fülle von Problemen persönlicher und überpersönlicher Art, an deren Bewältigung die Zukunft hängt, harrt unser. Doch die Lösungsversuche enden meist in einer Sackgasse, weil die Intelligenz allein, sofern ihr die Weisheit und Geistoffenheit fehlt, nicht in der Lage ist, die Lösung zu finden.

Ratlosigkeit

Nicht nur im Bereich des praktischen Tuns erfahren wir Lähmungen. Auch im Bereich des Denkens stehen wir in vieler Hinsicht vor verschlossenen Türen. Wir wollen verstehen, was wir erleben. Wir möchten durchschauen, was sich ereignet. Warum nimmt eine Entwicklung gerade diesen Verlauf? Warum läßt Gott, wenn es ihn gibt, so viel Entsetzliches zu? Warum trifft dieses schwere Schicksal gerade mich oder die mir Nahestehenden? Wozu bin ich eigentlich auf dieser Erde, und welchen Sinn hat das Leben?

Immerfort werden wir konfrontiert mit Ereignissen, die uns rätselhaft bleiben, mit Fragen, die wir nicht zu lösen vermögen, obwohl das von entscheidender Bedeutung für uns wäre. Statt dessen tappen wir im Dunkeln, und die Angst schnürt uns die Kehle zu. Muß denn unser Weg im Abgrund enden, weil wir auf die brennenden Lebensfragen keine Antwort finden können?

Der Andere

Nein, wir sind nicht gänzlich verlassen. Wir haben zwar unseren himmlischen Ursprung vergessen und als Erdenbürger vielleicht die Verbindung zur Gotteswelt nicht wiedergefunden. Doch seit der Zeitenwende sind die unbewußten Seelengründe eines jeden Menschen zart wieder angeknüpft an die Gotteswelt. Denn es ragt von dort *der Andere* in uns herein, unser wahres, höheres Wesen. Dieser Andere ist unendlich viel heller, weiser und umfassender als unsere irdische Persönlichkeit. Doch wie können wir von ihm wissen, wenn er im Verborgenen wohnt?

Wir könnten seine leise Stimme wohl manchmal hören, aber wir sind dem äußeren Geschehen oft so hingegeben, daß wir seine zarten, freilassenden Hinweise gar nicht vernehmen. Mitunter empfangen wir von ihm einen Rat und gehen darüber hinweg. Später wird uns bewußt, daß es das Rechte gewesen wäre, wenn wir ihn befolgt hätten. Manchmal läßt er uns eine Einsicht zukommen, deren Weisheit uns selber nie aufgegangen wäre. Oder es beunruhigt uns plötzlich unser Verhalten gegenüber einem Menschen, obwohl es lange zurückliegt. Und auf einmal nehmen wir es deutlich als Schuld wahr, weil in diesem Augenblick das reine Wesen des *Anderen* heraufleuchtet; und in dieser Helle, vor diesem Hintergrund, wird, was zuvor im Dunkeln lag, bis in die inneren und äußeren Abläufe sichtbar. Auch gibt es besondere Minuten, wo wir fühlen, daß unser besseres Wesen uns nahe ist und uns spüren läßt, was wir eigentlich werden und sein sollten.

Sollten wir vielleicht diesen stillen Begegnungen nachgehen? Er wartet darauf, daß wir die Verbindung zu ihm suchen, daß wir ihm Nahrung geben, die er als Geistwesen aufnehmen kann. Er lebt von dem, was wir als Wahrheit erkennen und lieben. Er lebt von der Freude, die uns über Gutes, Wertvolles erfüllt. Er lebt von den Überwindungen, die uns im Kampf mit unserer niederen Natur gelingen. Wir aber erfüllen unsere Gedanken, unsere Gefühle und unser Wollen mit dem Irdisch-Materiellen. Wir lassen ihm keine geistige Nahrung zukommen, weil wir selber durch lange Zeiten keine aufnehmen. Dann gerät er in Todesgefahr und wir mit ihm.

Das ist die geheime Lebensangst, die wir als solche nicht erkennen, die uns aber unruhig macht, quält und zu überwältigen droht. Wir könnten auch sagen, es ist die Angst vor dem geistigen Tode unseres wahren, lebendigen höheren Wesens.

Steht nicht im Gewande dieser Angst jemand an unserer Seite, der uns immer wieder zu mahnen versucht: »Vergiß das Beste nicht!«

Ur-Angst und Ur-Vertrauen

Wir schilderten bereits als das Urbild für den Beginn der Angst die Abnabelung des Neugeborenen, das dadurch *Trennungsangst* empfindet. Im Laufe der Kindheit wiederholt sich dieses Erlebnis, wenn die Nähe der Mutter gesucht wird, sie aber unerreichbar fern ist. An solche frühesten Angsterfahrungen hat das Kind keine Erinnerung, sie bleiben unbewußt, traumhaft dunkel und sinken unmittelbar in die Seelentiefen hinab. Untergründig bleiben sie dort jedoch erhalten und schwingen mit, wenn das Kind später die Trennungsangst bewußt erlebt und sich deutlich daran erinnern kann.[6]

Die frühen Phasen der Menschheitsevolution liegen für unser waches Tagesbewußtsein ebenso im Dunkel wie für das Kind der Beginn seines Erdenlebens. Auch für die Menschheit der Frühzeit sanken die Erlebnisse der Uranfänge in die gemeinsamen Seelentiefen hinab. Sie blieben dort erhalten und wurden in das göttliche Weltengedächtnis aufgenommen, wie alles, was geschah und bis heute geschieht.

Es gab nun in den alten Kulturvölkern, so auch in Israel, Propheten, denen die Gottheit sich offenbarte und die in erleuchteter Rückschau die Urereignisse der irdischen Menschwerdung wahrnehmen konnten. Diese Schauungen wurden zuerst nur mündlich, später schriftlich überliefert. So wird es uns möglich, durch die grandiosen Wahrbilder der ersten Kapitel des Alten Testamentes auf diese fernen Werdephasen hinzuschauen.

Dabei gewahren wir, daß der eigentlichen Erdenentwicklung bereits andere in Geisteshöhen vorausgingen. Gewaltige *Tagewerke* wurden von den hohen Schöpfergeistern vollbracht. Die leuchtenden Urbilder aller Pflanzen und Tiere, welche die spätere Erdenwelt bewohnen sollten, und endlich das Urbild des Menschen entstanden in Reinheit und vollendeter Schönheit. (1Mo 1)[7]

Als die Evolution dann die Erdenstufe erreichte, erhielt der Mensch für eine kleine Zeitspanne einen behüteten Raum, den Garten des Paradieses. Dort konnte er in Geborgenheit sich mit der Leibeshülle verbinden, die Gott ihm gebildet hatte.

Die eigentlichen Erdenwege aber begannen für die ersten Menschen, gerade so wie heute für das neugeborene Kind, mit schmerzvollen Erlebnissen. Die Austreibung aus dem Paradies zerschnitt einen innigen, göttlich-menschlichen Lebenszusammenhang. Die Ur-Angst entstand mit dem Abgetrenntsein von den göttlichen Licht- und Lebenswelten. (1Mo 3)[8]

Die Verbindung war jedoch nicht gänzlich unterbrochen. Im Bild der Fellkleider, die der Herr den Ausgetriebenen machte, wurde die göttliche Fürsorge sichtbar, die fortan in einer neuen Weise den Menschen zuteil werden sollte. Noch lange durften sie die Nähe des Paradieses spüren, die göttliche Stimme vernehmen und seine Boten, die Engel, schauen, die zu ihnen herabkamen. So wurde der Abgrund immer wieder überbrückt, und die Angst konnte nicht völlig von ihnen Besitz ergreifen.

Heute sind diese Urtatsachen unserem Bewußtsein entfallen. Daß der Angst in Wahrheit das Getrenntsein von der Gotteswelt zugrundeliegt, wird nicht mehr wahrgenommen. Um so stärker begegnet uns die Angst, die sich aus der Ur-Angst immer neu erzeugt und im Laufe der irdischen Entwicklung ständig mehr Macht über die Seelen gewinnt.

Älter als die Ur-Angst ist das *Ur-Vertrauen*. Wie hat es sich entwickelt?

Während die Schöpfermächte weisheitsvoll an dem Menschenleibe bildeten, entstand ein leiser Widerhall, ein Echo der göttlichen Liebesstrahlung im Werdebereich des Menschen. Wie ein Abglanz des warmen Leuchtens begann unbewußt im Menschen eine erste zarte Hinwendung zu den Himmlischen aufzublühen, und ein feiner Liebeshauch wehte auf sie zu.

So wurde das *Ur-Vertrauen* geboren. Es wuchs und erstarkte während der Paradieseszeit, als die Menschen immer in der schenkenden Güte, der segnenden Gegenwart und Weisheit Gottes geborgen waren. Ein einzigartiges Dasein wurde ihnen geschenkt in völliger Unbeschwertheit, in nie versiegender Kraft und Gesundheit, im Atem des himmlischen Lichtes, von göttlicher Liebe umfangen.

Der Widersacher, der in das Paradies Einlaß fand, konnte dieses Vertrauen wohl für Augenblicke verdunkeln, aber es auszulöschen gelang ihm nicht. Es hat die Kindheit des Menschengeschlechts begleitet, und es begleitet seit der Zeitenwende auch die Kindheit jedes einzelnen Erdenmenschen.

Glänzt nicht das ferne Paradies herein, wenn wir vor der Geburt die Geborgenheit im Mutterleibe erfahren dürfen? Wenn wir den Herzschlag der Mutter über uns spüren, ihre Lebenskräfte uns zuströmen und dieses andere größere Dasein uns trägt und umhüllt? Und nicht nur menschliche Liebe umgibt uns. Göttlich-geistige Mächte umleuchten Mutter und Kind und wirken in Harmonie mit dem höheren Wesen des Kindes an der Leibbildung mit.

Nach den schmerzvollen Prozessen im Zusammenhang mit der Geburt wird der neue Erdenbürger nun in anderer Weise von der Mutter umfangen. Sein Bewußtsein tastet sich träumend hinein in den Umkreis, und zugleich mit der äußeren mütterlichen Berührung und Wärme nimmt er ihre Fürsorge, ihre Liebe, ihr Wesen wahr.

Auch die himmlischen Mächte ziehen sich nicht sogleich nach der Geburt zurück. Das Wesen des Kindes bleibt noch eine Zeitlang Glied jener Bereiche, in denen es vor seiner Geburt weilte. Aufrichtekräfte, aus der Sphäre der Weltenwahrheit stammend, ergreifen den kindlichen Organismus.

Aus der Kraft des Christus, in dem das schaffende Weltenwort lebt, gestaltet sich die menschliche Sprachfähigkeit. Und zu den Lebenskräften, die noch immer an der Leibesgestalt bilden, treten nun, kaum spürbar zunächst, die Kräfte des Vergehens. Sie schaffen eine erste Voraussetzung für das Vorstellen und Denken, das ja auf Abbauprozessen beruht.

So spürt das Kind unbewußt noch einmal das Einssein mit den göttlichen Mächten, die es durchdringen und ihm die höchsten menschlichen Fähigkeiten erringen helfen: Aufrichten, Sprechen und Denken.

Das Urvertrauen, dessen Keim das Kind aus der Gotteswelt in die Erdenwelt mitbringt, entfaltet sich nun als das tiefe, fraglose Vertrauen, welches das Wesen des Kindes ganz erfüllt. In der Liebe der Gottheit und seiner Eltern ist es geborgen. Und all die tausend Dinge, nach denen es greift, die es betastet und anfangs in den Mund nimmt, stärken dieses Vertrauen. Könnte es aussprechen, was es erlebt, würde es vielleicht sagen: Alles, was ich berühre und ergreife, ist wirklich da. Es gehört zu der Gotteswelt, aus der ich gekommen bin. Sie wird mich auch hier unten tragen.[9]

Dieses Vertrauen ist meist so stark und unverlierbar, daß es sogar durch ungute Eltern und schlimme Ereignisse nicht sofort zerstört werden kann. In dem Vertrauen, das das Kind seiner Umwelt entgegenbringt, schwingt unausgesprochen immer die Verbindung und das Vertrauen zur Gottheit mit. Das Kind ertastet gleichsam unbewußt die göttliche Nähe.[10]

Der mit acht Jahren erblindete Jacques Lusseyran, dem eine behütete Kindheit zuteil wurde, wußte schon sehr früh von diesem Geheimnis! Er schreibt:[11]

»Meine Eltern – das war Schutz, Vertrauen, Wärme. Wenn ich an meine Kindheit denke, spüre ich noch heute das Gefühl der Wärme über mir, hinter mir und um mich, dieses wunderbare Gefühl, noch nicht auf eigene Rechnung zu leben … Meine Eltern – das war der Himmel. Ich sagte mir das nicht so deutlich, und auch sie sagten es mir nicht; aber es war offenkundig. Ich wußte (und zwar recht früh, dessen bin ich sicher), daß sich in ihnen ein anderes Wesen meiner annahm, mich ansprach. Dieses andere nannte ich nicht Gott – über Gott haben meine Eltern mit mir erst später gesprochen. Ich gab ihm überhaupt keinen Namen. Es war da, und das war mehr. Es war der Anfang meines Glaubens, und das erklärt meiner Ansicht nach, warum ich niemals einen metaphysischen Zweifel gekannt habe … Diesem Glauben entsprang auch meine Verwegenheit. Ich lief unaufhörlich … ich lief, um all den sichtbaren – und noch unsichtbaren – Dingen entgegenzugehen. Wie in einem Staffellauf bewegte ich mich vorwärts von Vertrauen zu Vertrauen.«

Das erste Vertrauen bleibt uns nicht. Früher oder später, im allgemeinen gegen Ende der Kindheit, schwindet es dahin. Viele Jugendliche sind tief enttäuscht von der Welt, in die sie hineinwachsen sollen. Resignation, Zorn oder Ratlosigkeit erfüllen die Seelen. Worauf kann man sich noch verlassen? Welchen Sinn hat dieses Dasein? Welchen Sinn hat mein eigenes Leben? – Die dunkle Ahnung, daß am Anfang der Evolution alles einmal gut und heil war, weicht der brennenden Frage: Warum das alles?

Dies war anders in der Entwicklung der jungen Erdenmenschheit. Sie stand in vorgeschichtlicher Zeit ganz im Zeichen des Ur-Vertrauens. In den Jahrtausenden vor der Zeitenwende waltete es noch im höheren Bewußtsein derer, welche die Geschicke der Völker leiteten, und träumend lebte es in den Seelen der Menschen. Nur sehr allmählich schwand es dahin, doch ein

Abglanz jener Urverbindung zwischen Gottheit und Menschheit leuchtete noch lange, wie die Abendröte nach Sonnenuntergang, am Geisteshimmel:

Das griechische Volk begriff das Denken noch als Gabe der Götter, die es aus lichten Geisteshöhen in die Menschenwelt hereinsandten. Das Zusammenwirken und Zusammenklingen der göttlichen Wesen und Kräfte wurde als Sphärenharmonie vernommen. Der letzte, der sie noch hören konnte, soll der Philosoph Pythagoras, der etwa 570 bis ca. 474 vor Christus lebte, gewesen sein.

Die mit Beginn der Neuzeit sich kräftig entwickelnden Naturwissenschaften ließen in vielen das alte Vertrauen nicht mehr aufkommen, und die Entdeckung der Erdenwelt und ihrer unendlichen Geheimnisse verdunkelte mehr und mehr den Blick auf die übersinnlichen Welten. Nun war die Zeit der Kindheit für die meisten Völker des Abendlandes vorüber. Ahnungen regten sich noch in manchen Seelen. William Shakespeare (1564-1616) faßte sie in seiner Komödie *Der Kaufmann von Venedig* in Worte. Er läßt zwei junge Menschen zum Sternenhimmel aufschauen und den Jüngling sagen:

Wie süß das Mondlicht auf dem Hügel schläft:
Hier sitzen wir und lassen die Musik
Zum Ohre schlüpfen; sanfte Still' und Nacht
Ist hold den Lauten süßer Harmonie.
Komm, Jessica! Sieh, wie die Himmelsflur
Ist eingelegt mit Scheiben lichten Goldes!
Auch nicht der kleinste Kreis, den du da siehst,

Der nicht im Schwunge wie ein Engel singt,
Zum Chor der hellgeaugten Cherubim.
So voller Harmonie sind ew'ge Geister.
Nur wir, weil dies hinfäll'ge Kleid von Staub
Ihn grob umhüllt, wir können sie nicht hören.[12]

Eine tiefe Sehnsucht klingt unausgesprochen in diesen Worten mit. Wir kennen sie alle in irgendeiner Form, die Sehnsucht nach Harmonie, nach Verstehen und Verstandenwerden, nach Geborgenheit im kleinen oder großen Lebensumkreis, nach Zusammenklang mit dem Weltganzen. Diese Sehnsucht ist nicht aus unseren gegenwärtigen Erfahrungen in der äußeren Welt abzuleiten oder zu erklären. Dort erleben wir Isolation, Vereinsamung, das Zerbrechen menschlicher Bindungen und Gemeinschaften, die Zerstörung unserer Erde und schließlich unsere Ohnmacht gegenüber diesen Tatsachen. Dennoch ist die Sehnsucht da – in jeder Menschenbegegnung, Freundschaft oder Partnerschaft, immer wird insgeheim, uneingestanden vielleicht, die Erfüllung dieser Sehnsucht erwartet.

Wie ist das möglich? Tragen wir etwa alle noch immer unbewußt eine leise Ahnung von einem Zustand der Ur-Harmonie, der Ur-Geborgenheit, des Ur-Vertrauens in uns?

Diese Sehnsucht richtet sich nicht nur auf das irdische Zusammenleben, sondern auch auf die kosmischen Zusammenhänge. Das uns umgebende Weltall, in dem die Sterne ruhevoll kreisen, in dem auch unsere Erde ihre Bahn um die Sonne zieht, ist durch Jahrtausende als ein weisheitsvoll geordneter geistig-physischer Kosmos erlebt worden, und die Verbindung mit ihm wurde in den einzelnen Kulturepochen auf unterschiedliche Weise gesucht. Heute, wo der Kosmos von der Naturwissenschaft als ein riesiger Mechanismus beschrieben wird, erscheint er uns leer und tot!

In Goethes großer Dichtung begegnet uns der gelehrte *Dr. Faust* als Vertreter der modernen Menschheit. Er ist erfüllt von der Sehnsucht nach Erkenntnis des Weltganzen. Alles Studieren der vielfältigen Wissensgebiete brachte ihm auf seine Fragen keine Antwort. Er möchte wissen, »was die Welt im Innersten zusammenhält« und das lebendige Wesen der Dinge schauen und erfassen. Er ist entschlossen, die Pforten mit Gewalt aufzureißen und den Zugang zu jenen Bereichen zu erzwingen. Das alte Buch des Nostradamus soll ihn lehren, wie man Geister herbeiruft. Im Zeichen des Makrokosmos schaut er die Harmonie himmlischer Kräfte:[13]

Wie alles sich zum Ganzen webt,
Eins in dem andern wirkt und lebt!
Wie Himmelskräfte auf und niedersteigen
Und sich die goldnen Eimer reichen!
Mit segenduftenden Schwingen
Vom Himmel durch die Erde dringen,
Harmonisch all das All durchklingen!
Welch Schauspiel! Aber ach! ein Schauspiel nur!
Wo faß ich dich, unendliche Natur?
Euch Brüste, wo? Ihr Quellen alles Lebens,
An denen Himmel und Erde hängt,
Dahin die welke Brust sich drängt –
Ihr quellt, ihr tränkt, und schmacht ich so vergebens?

Faust fühlt sich ausgeschlossen. Er müht sich vergebens um die Geheimnisse der Geisteswelt. Er wendet sich darum dem Zeichen des Erdgeistes zu, dem er sich näher fühlt und ringt inbrünstig um dessen Erscheinen. Doch als sich ihm der Geist in einer rötlichen Flamme zeigt, muß er sich von dem »schrecklichen Gesicht« abwenden; er erträgt dessen Nähe nicht:

Wo bist du, Faust, des Stimme mir erklang,
Der sich an mich mit allen Kräften drang?
Bist du es, der, von meinem Hauch umwittert,
In allen Lebenstiefen zittert,
Ein furchtsam weggekrümmter Wurm?

Faust wird zurückgewiesen. Auf diese Weise führt kein Weg in die höheren Welten. Die Kluft zwischen Gottheit und Menschheit ist zu tief, als daß ein Mensch sie überspringen könnte. Auch Faust muß das erfahren, und es stürzt ihn in tiefe Verzweiflung.

Viele Zeitgenossen suchen heute auf Irrwegen zum Geist zu gelangen und geraten in Abgründe der Angst und Not. Doch wie finden wir den Weg zu einer neuen Begegnung mit den himmlischen Mächten?

Ur-Angst und Ur-Vertrauen sind polare Gegensätze wie Licht und Schatten, wie Sonne und Erde. Es ist jedoch nicht nur ein Verhängnis, daß die Angst uns so in die Enge treibt, daß das erste Vertrauen uns entschwindet – beide sollen uns begleiten, damit wir das Geheimnis und den Sinn der Angst entdecken, damit wir an die Stelle des ersten, mitgebrachten Vertrauens ein eigenes, selbsterrungenes setzen.

Wege zur Überwindung der Angst

Die Angst ist eine starke, unheimliche Macht. Sie gibt ihr Geheimnis nicht ohne weiteres preis. Ein hartes Ringen mit ihr wird uns zugemutet. Karl König spricht von dem »dunklen Raum der Angst«, in dem wir gefangengehalten werden. In diesem Raum sind wir blind und dadurch der Angst völlig ausgeliefert. Wir können nicht verhindern, daß sie uns umklammert, daß ihr Würgegriff uns den Atem raubt. Sie lähmt und fixiert uns, ähnlich wie es eine Schlange mit ihren Opfern tut. In ihrer Gewalt sind wir isoliert von der Welt und den Menschen. Wir sind in »Einzelhaft« geraten, und nicht einmal in bezug auf unsere Gedanken und Empfindungen sind wir frei. Auch unser Wille ist durch sie gelähmt. Sind wir in dieser Lage nicht gänzlich unfähig, überhaupt an irgendeiner Stelle aktiv zu werden?

Wenn ein kleines Boot plötzlich in einen Wirbelsturm gerät und die Wellen es in die Tiefe zu reißen drohen, was können die Bootsleute dagegen unternehmen? Müssen sie nicht in wenigen Augenblicken mit dem Untergang rechnen? Es bleibt ihnen nur die Empfindung der Todesangst. Was sollen sie tun? Sollen sie die Segel setzen? Sollen sie rudern? Sollen sie versuchen, das Wasser aus dem Boot zu schöpfen? Es ist doch alles sinnlos und umsonst! Sie sind in der Gewalt des Sturmes und der Wellen.

Die Jünger des Christus Jesus waren auf dem See Genezareth einmal in solch einen Sturm geraten und sahen nur noch den Untergang vor sich. Doch er war mit ihnen im Schiff und schlief. Das war das einzige, was ihnen blieb: ihn aufzuwecken und ihn um Hilfe anzurufen! Und er stand auf, gebot dem Wind und dem Meer, und es entstand eine große Stille. Die Jünger erlebten: *einer* ist da, dessen Macht größer ist als die Gewalt der Elemente …

Eine scheinbar nutzlose Vergeudung der Natur beobachten wir im Hinblick auf die Samen vieler Pflanzen. Wenn beispielsweise die Löwenzahnblüten verwelkt sind und sich die zarten weißen Kugeln der »Pusteblumen« gebildet haben, dann weht der Wind bald die Samen mit ihren Federkrönchen davon. Wie kleine Fallschirmchen schweben sie in große Höhen und Weiten irgendwohin und lassen die Mutterpflanze in der Ferne zurück. In einer Vertiefung bleiben sie vielleicht hängen, ein Fuß tritt sie in die Erde, der Staub deckt sie zu, sie liegen zwischen Steinen und Geröll, auf einer Schutthalde oder im Schlamm begraben und vergehen. Eine unsinnige Sache, denken wir wohl, so viel Werdekraft verdirbt und verkommt nutzlos.

Oder doch nicht? Ruht nicht in jedem Samen – unseren Augen unsichtbar – der Keim zukünftigen Lebens? Er wird eine neue Pflanze aus sich hervorbringen, er wird anderen Wesen zur Nahrung und Entwicklung dienen, oder seine Kraft wird zurückgenommen werden in den Vorrat der allgemeinen Lebenskräfte und diese vermehren. Alles Werden hat einen tiefen Sinn.

In unserer eigenen ausweglosen Situation, wenn die Angst uns völlig in ihrer Gewalt hat, können wir versuchen, solche Bilder oder andere, die wir selbst entdecken, zunächst einmal ruhig anzuschauen. Das ist allerdings nicht leicht für uns heutige Menschen, da wir gewohnt sind, von einem Eindruck zum anderen zu jagen.

Doch dieses ruhevolle Anschauen ist heilsam. Es holt uns ein wenig heraus aus der Umklammerung durch die Angst, denn wir gehen hinein in die Bilder, die wir liebevoll und aufgeschlossen betrachten, wir sind dann *bei ihnen* und nicht im Gefängnis der Angst. Allmählich beginnen sie dann, zu uns zu sprechen; vielleicht fragen sie uns: Hat vielleicht auch deine trostlose Lage einen *Sinn*? Ist darin wohl auch ein *Keim* verborgen, den dein Auge nur nicht sieht? Und ist nicht vielleicht auch in deinem Lebensschiff der *Herr der Elemente*, der Herr des Schicksals anwesend, und du brauchst ihn nur zu rufen?

Ja, er ist tatsächlich da! Wir können sein Kreuz mit unserem Leibe erfühlen: die starke Aufrichtekraft der Vertikalen, die weite, frei schwebende Kraft der Horizontalen. Wir können uns in dieses Kreuz hineinstellen. Damit treten wir ein in die Kraft und den Schutz dessen, der das Kreuz in das Zeichen des Sieges wandelte.

Er hat sich in dreifaltiger Gestalt mit uns Erdenmenschen verbunden. Als der *Vatergott* liegt er allem zugrunde. Alles Dasein umfängt und trägt er in seiner Liebe. Wenn wir in die Tiefe sinken, wenn der Abgrund uns verschlingen will, wohin fallen wir dann – immer in seine Hände!

Als der *Sohnesgott* ist er der Schöpfergott, durch dessen Wort die Welt entstanden ist und der auch in uns und mit uns wirken und schaffen will. Durch seinen Tod hat er uns ein neues Leben errungen.

Als der *Geistgott* ordnet und erleuchtet er die Welt. Er ist der Geist der Wahrheit, den wir vom Vater und vom Sohne erbitten dürfen. Dann wird er auch unser Wesen und Erkenntnisstreben erleuchten und die Sündenkrankheit der Menschheit heilen.

Jeder kann sich betend zu ihm wenden:

> Der Vatergott *sei* in mir.
> Der Sohnesgott *schaffe* in mir.
> Der Geistgott *erleuchte* mich,

und bei diesen Worten das Kreuzeszeichen über Stirn, Kinn und Brust ziehen.

Diese erste, tastende Aktivität – wir werden es staunend bemerken – ist Licht in der Finsternis. Schon das äußere Licht, vielleicht eine winzige Kerzenflamme, verwandelt die Dunkelheit in eine Sphäre der Geborgenheit. Schon der erste Schimmer des Morgenlichtes läßt uns Sorgen, Zweifel und Schmerzen, die uns in der Nacht quälten, nicht mehr ganz so bedrängend und angsterregend empfinden. Um wieviel heller und klarer leuchtet dieses geistige Licht, das wir hereinrufen in unsere Not!

Der Glaube

Vielleicht beginnt sich nun in uns ganz zart und anfänglich der Wille zu regen, uns aufzuraffen und selbst mit der Angst zu ringen, um sie allmählich zu überwinden. Dazu müssen wir jedoch stärkere Kräfte in uns beleben als diejenigen, derer wir uns im Alltag normalerweise bedienen.

Eine dieser Kräfte ist der *Glaube*. Rudolf Steiner hat auf die Bedeutung hingewiesen, die der Glaube für den Menschen hat.[14] Viele Zeitgenossen, die sich die naturwissenschaftliche Weltanschauung zueigen gemacht haben, halten allein das Wissen heute für zeitgemäß und notwendig. Der Glaube erscheint ihnen der Kindheitsstufe der Menschheit zu entsprechen. Rudolf Steiner fragt, ob der Glaube als solcher nicht zur Menschennatur dazugehört und eine besondere Bedeutung für sie hat. Und er gibt auf diese Frage eine sehr überraschende Antwort: »Der Glaube stellt in der Menschennatur eine Anzahl von Kräften dar, … die zu den Lebenskräften der Seele gehören. Es kommt gar nicht darauf an, ob wir glauben wollen oder nicht, sondern darauf, daß wir die Kräfte, die das Wor ›Glaube‹ ausdrückt, als Lebenskräfte in der Seele haben müssen, daß die Seele verdorrt, verödet und vereinsamt, wenn sie nichts glauben kann … Das Wissen ist nur die Grundlage für den Glauben«, es macht ihn keinesfalls überflüssig. Die Menschheit braucht das Aufblicken und die Verbindung zu einer übersinnlichen Welt! Wenn sie den Glauben verlieren würde, könnte sich keiner mehr im Leben wirklich zurechtfinden, weil er

Furcht, Sorge und Angst vor diesem und jenem haben muß. »Kurz, jenes Leben, das in unserer Seele frisch quellen soll, kann uns nur durch die Glaubenskräfte gegeben werden.«

Das erste Vertrauen bringen wir mit herein in diese Erdenwelt, und es begleitet uns durch die Kindheit. Das zweite Vertrauen, der Glaube, fällt uns nicht einfach in den Schoß. Wir müssen ihn uns selbst erringen; diese innere Arbeit kann kein anderer für uns tun, und es ist notwendig, von neuem Glauben und Vertrauen zu lernen, um der Angst nicht zu erliegen. Doch das ist heute außerordentlich schwer.

Was müssen wir tun, um glauben und vertrauen zu lernen?

Da ist zuerst zu fragen: Woran können wir glauben? Worauf können wir unser Vertrauen gründen? Worauf können wir uns felsenfest verlassen? Es kann nichts aus der sinnlich-sichtbaren Welt sein, denn diese ist vergänglich. Worauf wir vertrauen können, kann nur aus der übersinnlichen, unvergänglichen Welt stammen.

Alle Völker der Erde haben auf ganz verschiedene Art gehofft, daß einmal der Erlöser zu den Menschen kommen würde. Und sie hofften nicht vergebens. Um die Mitte der Zeiten kam der göttliche Sohn herab. Er zog in eines Menschen Leib ein und wandelte drei Jahre als Mensch unter uns Menschen. Wie ein Mensch starb er am Kreuz. Dann aber drang er hinein in die Sphäre des Todes, in das Reich derjenigen Macht, die auf Erden alles zertrennt, was verbunden ist, die alles auseinanderreißt, was zusammengehört, und die die

Menschen in die finstere Todeswelt, in das Reich der Schatten, bannte.

Er aber, der Christus Jesus, rang mit dem Tode und besiegte ihn! Als Auferstandener erschien er den Seinen in einem neuen, unverweslichen Menschenleibe. Dessen Wesensglieder hatte er in den drei Jahren so völlig verwandelt, daß er sie nun dem Tode entreißen und neu zusammenfügen konnte. Um zu heilen und neu zu vereinen war er ja gekommen!

Mit seiner Himmelfahrt verband er sich auf ewig mit der Erdenwelt: »Siehe, Ich bin bei euch alle Tage bis ans Ende des Erdenäons.« Seitdem sind Erdensein und Himmelssein nicht mehr getrennt. Er trägt die Himmelswelt herab, um die Erdenwelt durch sie zu verklären.

Darauf können wir vertrauen und uns felsenfest verlassen: Es ist nicht mehr die äußere Erde, die uns zuverlässig trägt, sondern er ist in die unbewußten Tiefen jeder Menschenseele eingezogen. Seine Erlösungstat ist der feste Boden unter unseren Füßen, auf dem wir sicher stehen, auch wenn wir es nicht wissen. Er läßt uns frei und trägt uns doch.

Die Erde ist umgeben von der Atmosphäre, in der wir leben und atmen und – die wir zerstören. Er aber ist der Himmel über uns und um uns, der uns Leben spendet, auch wenn wir es nicht wissen. Er läßt uns frei und schenkt uns dennoch seinen Lebensatem.

Er ist überall gegenwärtig und naht sich allen, die ihn suchen. Und er zieht ein in jedes Menschen-Ich, das ihn von Herzen darum bittet.

Was müssen wir tun, um glauben und vertrauen zu lernen? Wir müssen es wagen, uns auf sein Wirken einzulassen und im Leben mit ihm Erfahrungen zu machen. Am Schicksal von Jacques Lusseyran läßt sich das ablesen.[15]

Er wurde am 19. September 1924 in Paris geboren und liebte von klein auf das Licht. Es übte auf ihn geradezu einen faszinierenden Zauber aus. Da er kurzsichtig war, trug er eine Brille, und dadurch geschah es: Bei einem Unfall in der Schule verlor er das Augenlicht, als er fast acht Jahre alt war. In jenen Tagen, die auf die Operation folgten, versuchte er noch immer, seine Augen so wie vorher zu gebrauchen. »Ich blickte in die Richtung, in die ich vor dem Unfall zu blicken pflegte, von dort aber kam nur Schmerz, Empfinden des Mangels, etwas wie Leere. Von dort kam das, was die Erwachsenen, glaube ich, die Verzweiflung nennen.«

Eines Tages aber bemerkte er, daß er einen Fehler machte. »Ich blickte zu sehr in die Ferne und vor allem zu sehr auf die Oberfläche der Dinge ... ich möchte fast sagen: eine Hand, die sich auf mich legte, hat mich damals die Richtung wechseln lassen ...« Nunmehr begann er, von innen auf sein Inneres zu schauen: »Ich sah, wie von einer Stelle, die ich nicht kannte und die ebensogut außerhalb meiner wie in mir liegen mochte, eine Ausstrahlung ausging, oder genauer: ein Licht – das Licht. Das Licht war da, das stand fest ... Ich entdeckte das Licht und die Freude im selben Augenblick ... ich hatte das Gefühl, neu geboren worden zu sein ... ich hatte das sehende Auge in mir. Dennoch gab es Zeiten, in denen das Licht nachließ, ja fast verschwand. Das war immer dann der Fall, wenn ich *Angst* hatte. Wenn ich, anstatt mich vom Vertrauen tragen zu lassen, ... zögerte, prüfte, ... wenn ich mir sagte, daß alle Dinge feindlich waren und mich stoßen und kratzen wollten, dann stieß oder verletzte ich mich bestimmt ... Was der Verlust meiner Augen nicht hatte bewirken können, bewirkte die Angst: sie machte mich blind.« Dieselbe Wirkung hatten Zorn und Ungeduld, ebenso der Ehrgeiz. Am schlimmsten war die Boshaftigkeit, dann tat sich um ihn ein schwarzes Loch auf. »Wenn ich dagegen glücklich und friedlich war, wenn ich den Menschen Vertrauen entgegenbrachte und von ihnen Gutes dachte, wurde ich mit Licht belohnt.«

Was ist das für ein Licht, das sowohl in ihm wie um ihn leuchtet und ihm die Welt wesenhafter zeigt, als ein Sehender sie wahrnehmen kann, und das auf das moralische Verhalten eines Kindes reagiert? Sein Name ist der Name dessen, der von sich sagen konnte: »Ich bin das Licht der Welt.«

Im zweiten Weltkrieg begründete Jacques als Siebzehnjähriger im besetzten Frankreich eine Widerstandsgruppe. Diese wurde 1943 verraten und er und viele andere von der Gestapo verhaftet. Da packte ihn wieder die Angst, und deshalb war er anfangs wirklich blind. Doch er fand sich bald zurecht. Nein, man brauchte keine Angst zu haben, seine Seele zu verlieren, denn »Gott ist in ihr«. Endlose Verhöre mußte er über sich ergehen lassen. Manchmal brachte *er* die SS-

Leute zum Schweigen. Und er fragte sich, was diese Leute wohl bei einem Verhafteten respektierten. Sicher weder seine Intelligenz noch seinen Mut, es mußte etwas Wesentlicheres sein. »Wenn ich in ihrer Gegenwart ihre Gegenwart vergaß, wenn ich alles vergaß außer dem einen, was ich im tiefsten Grund meines Ichs, im Innersten meiner inneren Welt fand – diesen Platz, wohin ich dank meiner Blindheit mitunter hinabgestiegen war und wo es nichts anderes mehr gab als das Licht –«, ließen sie plötzlich von ihm ab.

1944 wurde Lusseyran mit den Kameraden und vielen anderen in das Konzentrationslager Buchenwald gebracht. Tausende starben, auch er entging nur knapp dem Tode. »Im März hatte ich alle meine Freunde verloren. Alle waren weggegangen. In mir kam wieder das kleine Kind zum Vorschein, das überall seine Mutter sucht und nirgends findet. Ich hatte große Angst vor den anderen, ja sogar vor mir selbst, weil ich mich nicht verteidigen konnte. Fast jeden dritten Tag stahl man mir mein Brot, meine Suppe ... Gegen Ende des Monats wurde es plötzlich zu viel für mich: ich wurde krank. Schwer krank ...« Keinerlei Medikamente waren vorhanden! Die Ärzte in der Invalidenbaracke, Häftlinge wie er selbst, gaben ihn auf.

Nun mußte auch er ein ganz neues Vertrauen erringen. Das geschah während dieser Krankheit. Zum zweiten Male in seinem Leben strömte die göttliche Kraft ihm unmittelbar zu: »Sie kam wie eine hell schimmernde Welle, wie eine Liebkosung von Licht, auf mich zu. Sie berührte mich, schlug über mir zusammen; ich ließ mich auf ihr treiben. Und dann trank ich, noch und noch! Diesen himmlischen Fluß wollte ich nicht lassen! Ich erkannte ihn übrigens wieder: er war bereits einmal zu mir gekommen, gleich nach meinem Unfall, als ich gemerkt hatte, daß ich blind war. Es war dasselbe, stets dasselbe: *das* Leben, das mein Leben schützte ...

Aber es gab da etwas, das an mir lag: die Hilfe des Herrn nicht zurückzuweisen ... Es war der einzige Kampf, den ich zu führen hatte – ein schwerer und wunderbarer Kampf zugleich; ich durfte nicht zulassen, daß die Angst meinen Körper überfiel. Denn Angst tötet, Freude aber schenkt Leben. Die Krankheit hatte mich von der Angst befreit. Sie hat mich selbst vom Tod gerettet. Ich möchte sagen: ohne sie wäre ich nicht am Leben geblieben ...«

Der Weg des Jacques Lusseyran ist ein Weg voller Wunder. Doch wir alle können sie jeweils ganz persönlich erfahren und die Angst besiegen, wenn wir die göttliche Hilfe nicht zurückweisen. Es ereignet sich vieles, was das Alltagsbewußtsein nicht zu fassen vermag: Vielleicht wurde uns oder einem unserer nächsten Angehörigen eine wunderbare Rettung zuteil; vielleicht führte uns das Schicksal auf unerklärliche Weise einen Menschen auf den Weg, durch den uns Entscheidendes für die Zukunft möglich wurde; vielleicht widerfuhr uns ein Unglück, das uns tief verwundete, das sich jedoch später als große Hilfe im Lebensgang erwies. »Blinde Zufälle«, wie man gerne sagt, gibt es nicht. Wer nicht nur an der Oberfläche lebt, weiß sich durch solche Schicksale berührt und angesprochen von den Mächten, die über uns walten, und er spürt ihre Realität.

Und doch kann es geschehen, daß wir die göttliche Gegenwart bisweilen nicht wahrnehmen. Unsere Bedrückungen, Sorgen und Ängste schieben sich dann dazwischen und verdunkeln uns die göttliche Wirklichkeit.

Eins aber können wir tun, um neues Vertrauen zu erringen: Wir können jetzt, in diesem Augenblick, in unser Bewußtsein hereinrufen, was wir einmal erfahren haben. Mit unserer ganzen Existenz können wir uns auf diesen Grund und Boden stellen und dem glauben und vertrauen, was uns einst widerfahren ist. Dann erwacht in unserem Herzen auf einmal die Gewißheit: Was ich damals gnadevoll erlebte, kann mir zu jeder Zeit neu begegnen. Denn er, der Christus, ist der Herr des Schicksals und wird mir nur das zukommen lassen, was das Beste für mich ist.

In diesem Augenblick wird die eigene Glaubenskraft, das ureigene Vertrauen in uns geboren!

Danken

Glaube und Vertrauen sind Lebenskräfte der Seele. Wie Pflanzen das gute Erdreich brauchen, das Wasser und die Luft, in der das Licht sich ausbreitet und wieder zurückzieht, so brauchen auch diese Kräfte, damit sie wachsen und stark werden, regelmäßig Nahrung und Pflege.

Danken ist eine gute Übung. Es wird uns täglich so viel zuteil, was wir gar nicht bemerken, weil wir es für selbstverständlich halten. Wir werden vor so manchem bewahrt, was uns hätte treffen können. Täglich kommt uns Hilfe zu. Der Christus Jesus lehrt seine Jünger, aufzuschauen zu dem Vater in den Himmeln, der alle unsere Bedürfnisse kennt, ehe wir ihn darum bitten.

Wer aufmerksam wird auf solche himmlischen Zuwendungen, wird jeden Abend bei der Rückschau auf den Tag mehr davon entdecken und voller Staunen sein. Er wird sich zunehmend als von der göttlichen Liebe umgeben und getragen erleben und sich von ihrer Gnade beschenkt fühlen. Er lernt empfinden, was der Apostel Paulus darüber zu den Athenern sagte: »Er ist nicht ferne von einem jeden unter uns; denn in ihm leben und weben und sind wir.« (Apg 17,27) Diese Tatsache im tiefsten Seelengrunde zu bewahren und sich immer neu ins Bewußtsein zu rufen, bringt innere Sicherheit und läßt das Vertrauen allmählich wachsen. So beginnen wir auf einer höheren Stufe *bewußt* wiederzugewinnen, was wir in der Kindheit *unbewußt* besaßen.

Angst preßt stets die Seele zusammen, so daß sie »am Boden« liegt und nicht mehr aufatmen kann. Indem wir uns im Danken üben, erwärmt sich unser Herz. Es beginnt, mit Verehrung zur Gottheit aufzuschauen, und das macht die Seele leicht und weit. Sie lernt, ihre Flügel zu entfalten und sich zu dem zu erheben, aus dessen Fülle ihr Licht, Leben und Kraft zuströmen können. Freude wird in ihr aufkeimen: »Weit spannt meine Seele sich, um Dich zu preisen, Herr des Lebens. Jubelnd frohlockt mein Geist vor Dir, Du heilbringendes Gotteswesen. Du hast mir Deinen Blick zugewandt, mir, Deiner niedrigsten Magd«, so beginnt Maria, die Mutter Jesu, ihr großes Dank- und Preisgebet. (Lk 1)

Das Gebet

Die lebendige Verbindung zu unserem im Wesen der Gottheit liegenden Ursprung ist das *Gebet*. Indem wir uns im Danken üben, sind wir bereits in diese Sphäre eingetreten. Wie wir als Erdenmenschen in ständigem rhythmischen Wechsel die Luft ein- und ausatmen, so ist das Beten der geistige Atemrhythmus unserer Seele.

Zu der Welt des Tages, in die wir unsere Kräfte hineingeben, in der wir uns oft genug in vielfältiger Weise »verausgaben«, gehört das regelmäßige Eintauchen in die göttliche Lebenswelt. Doch schon die äußere Stille steht uns weithin nicht mehr selbstverständlich zur Verfügung. Unsere Häuser, Straßen und Städte, sogar der Luftraum über uns, sind von Lärm erfüllt, der sich oft bis in das Seeleninnere hinein fortsetzt. Auch im Seelenbereich selbst herrscht häufig Sorge, Unruhe, Zerstreutheit oder Zerrissenheit. Vielleicht kreisen unsere Gedanken ständig um Kränkungen oder Ungerechtigkeiten, die uns widerfahren sind, und wir kommen davon nicht los.

Das Gebet aber braucht die innere Ruhe und Sammlung. Für eine kurze, ausgesparte Zeit ist es nötig, die Türen zur Umwelt fest zuzuschließen. Zunächst wird diese gewiß ständig versuchen, Einlaß zu finden und uns zu stören. Erst wenn deutlich wird, daß wir uns dadurch nicht beirren lassen, wird sie es aufgeben. Friedrich Rittelmeyer[16] pflegte angesichts solcher äußeren oder inneren Ruhestörungen zu sagen: »Ich habe jetzt keine Sprechstunde!« Es muß uns allmählich gelingen, für eine kleine Zeitspanne alles auszuschließen, was den von uns erzeugten und gehüteten Innenraum der Sammlung und Andacht wieder zerstört.

Eine Hilfe zur Schaffung stiller Räume im eigenen Tageslauf kann die regelmäßige Teilnahme an der Menschenweihehandlung[17] sein. Vielleicht läßt sich der Besuch an einem Werktag in der Morgenfrühe einrichten. Der stille Raum nimmt uns auf. Wir lassen unsere Augen ruhen auf seiner Farbe, auf den Farben des Altarbereiches und der Gewänder der Ministranten und des Priesters. Die sieben Kerzen vor dem Altarbild, das den Auferstandenen zeigt, leuchten. Wir vernehmen den Laut des Glöckchens, die Worte und Gebete der heiligen Handlung, die wir in der Stille mitvollbringen dürfen. Der Duft des aufsteigenden Weihrauchs erfüllt den Raum. Der goldene Kelch wird erhoben. Das ruhevolle Wahrnehmen dieses Geschehens weckt Andacht in unserer Seele.

Ein guter Einstieg in solches Tun könnten die Weihehandlungen der Adventszeit in der Morgendämmerung der kurzen Dezembertage sein. Sind doch die Zeiten der Übergänge von der Nacht zum Tag, vom Tage zur Nacht, dem Gebet besonders hilfreich.

Das rechte Beten erwächst aus dem *Hören.* Unser Gehör ist abgestumpft durch die ständige »Geräuschkulisse«, die das Wahrnehmen des einzelnen Lautes verhindert. Wer erlauscht denn noch, wie in einer warmen, windstillen Sommernacht das Laub an Bäumen und Büschen leise »flüstert«? Wer achtet noch in der tiefen Stille über einer spätsommerlichen Heidelandschaft auf den fernen, hellen Schrei eines am Himmel kreisenden Raubvogels. Wer kennt noch den dumpfen Laut, mit dem ein reifer Apfel ins Gras fällt?

Wir müssen aufs neue lauschen lernen. Auch hierzu kann der Kultus uns helfen. Allmählich beginnen wir dann, das innere Wort zu vernehmen.

Die Dichterin Nelly Sachs fragt die Menschheit in einem ihrer Gedichte, ob sie noch in der Lage sei, die göttlichen Worte zu hören:[18]

Wenn die Propheten einbrächen
durch die Türen der Nacht
mit ihren Worten Wunden reißend
in die Felder der Gewohnheit …

und ein Ohr wie eine Heimat suchten –

Ohr der Menschheit
du mit dem kleinen Lauschen beschäftigtes,
würdest du hören?

Wenn die Propheten aufständen
in der Nacht der Menschheit
wie Liebende, die das Herz des Geliebten suchen,
Nacht der Menschheit
würdest du ein Herz zu vergeben haben?

Das Gebet aller Christen ist das Vaterunser.

»Die Worte des Vaterunsers stammen von Christus selbst. Er hat sie selbst gesprochen. Wie mögen sie aus seinem Munde geklungen haben? Welche Tiefe und Kraft muß schon das erste Wort: »Vater« in der Seele Christi gehabt haben! ... Indem die Vorstellung in uns lebendig wird, daß die Worte des Vaterunsers *aus dem Sprechen Christi* klingen, beginnen wir innerlich zu hören; und so sehr wir sonst Hörende sind aus dem Übermaß der äußeren Worte, Töne und Geräusche heraus – hier wird eine Qualität des Hörens gemeint, die in der ganzen heutigen Zivilisation so nicht vorkommt.«[19]

Wir werden die Kraft solchen hörenden Betens bald spüren. Es entsteht allmählich ein heilsamer Rhythmus von innerer Sammlung und Weltoffenheit. Die auf diesen Wegen empfangende Kraft hilft uns, das irdische Leben immer neu zu ergreifen. Wir werden durch sie das Schicksal und unsere irdischen Aufgaben besser bewältigen als ohne sie.

Die Gnadengaben sind jedoch nie für einen einzelnen Menschen allein gegeben. Unbemerkt kann sich in das Gebet Egoismus einschleichen, wir stellen uns selbst in den Mittelpunkt: wenn *ich* nur empfange, wenn *ich* nur getröstet werde, wenn *mir* nur geholfen wird. Die anderen mögen für sich selber sorgen. Statt dessen sollten wir die »Fürbitte« in Treue und Ausdauer üben. Es gibt immer Menschen in unserem Umkreis, die Hilfe, Kraft und Licht dringend nötig haben. Vieles wird dadurch in Bewegung gebracht, helfende Kräfte sammeln sich um den Menschen, den ein anderer in sein Gebet einschließt. In welcher Art dann die Hilfe sich auswirkt, sollten wir nicht nach unserer Einsicht lenken wollen. In allem Beten sollte mitschwingen: Dein Wille geschehe ...

»Das Vaterunser bekommt einen besonderen Klang, eine eigene Tiefe, wenn wir es für einen Verstorbenen beten; für den Verstorbenen ist dies eine Hilfe, wie nur je ein richtiges Wort zur richtigen Zeit eine Hilfe sein kann – aber auch wir selbst können uns stärker in die Wirksamkeit des Gebetes einbezogen und dadurch beschenkt fühlen. Ein Zusammenleben mit dem *Verstorbenen* bahnt sich so auf selbstverständliche Weise an.«[20]

Staunen und Interesse

Zur Überwindung der durch die Angst entstehenden Isolation kann auch das aufmerksame, liebevolle Anschauen von Welt und Menschen beitragen. Der heutige Zeitgenosse geht meist achtlos an den kleinen und großen Wundern vorbei. Was die Kinder unbewußt und unübertroffen können, muß der Erwachsene erst bewußt wieder lernen: das *Staunen*. Dazu ist Aufmerksamkeit nötig für all die Dinge und Wesen in unserer Umgebung. Wir müssen sie wahrnehmen lernen, als sähen wir sie zum allerersten Mal.

» ... wenn alle Menschen aufmerksam wären, wenn sie sich vornähmen, es in jedem Augenblick ihres Lebens zu sein, würden sie die Welt entdecken, sie würden sie plötzlich ganz anders sehen, als sie bisher geglaubt hatten, daß sie sei; und alle Wissenschaft wäre auf einen Schlag überholt, wir würden in das Wunder eintreten, die unmittelbare Erkenntnis ... Um ohne Augen zu leben, muß man sehr aufmerksam sein, muß man Stunde um Stunde im Zustand der Wachheit, der Empfänglichkeit und Aktivität zugleich sein. Die Aufmerksamkeit ... ist ein Zustand des Seins ... Er ist im eigentlichen Sinn der Horchwinkel des Universums.«[21]

Welche Welten könnten sich uns durch das Interesse für die Mitmenschen auftun, sowohl für die Nahestehenden, die man zu kennen meint, als auch für die Fernstehenden oder die Fremden. Was für Schicksale hatten sie durchzumachen? Wodurch wurden sie zu dem, was sie heute sind? Was sagt uns der Klang ihrer Stimme, der Blick ihrer Augen?

Vielleicht gelingt ein solches Anschauen mit warmem Herzen und geöffneten Sinnen nicht sofort. Doch wer es ernsthaft und treu erübt, wird bemerken, daß er in den Augenblicken intensiver, völliger Hingabe von der Angst frei wird. Er findet Anschluß an ein größeres Dasein.

Staunen und Interesse für die Welt, in der wir leben, ist nicht nur möglich, wenn es uns gutgeht, wenn wir Kraft übrighaben, sondern es kann uns gerade in notvollen Situationen, wo die Angst nach uns greifen will, eine Hilfe sein. So erlebte es Jacques Lusseyran im KZ Buchenwald: »Um im Lager zu leben, mußte man teilhaben, nicht nur für sich selbst leben. Ein solches auf sich selbst bezogenes Leben hat in dieser Welt der Deportierten keinen Platz. Man muß darüber hinauswachsen. Etwas ergreifen, was größer ist als man selbst. Gleichgültig wie: durch das Gebet, wenn man beten kann, durch die menschliche Wärme, die von einem zum andern kommt und die man ihm wieder gibt, oder ganz einfach dadurch, daß man aufhört, gierig zu sein.«[22]

Bewußtseinserweiterung

Eine wesentliche Hilfe im Kampf mit der Angst ist ganz allgemein *Bewußtseinserweiterung.*

Bereits Staunen und Interesse für unsere Umgebung führen über das eigene Selbst hinaus. Wir finden Gemeinschaft mit den anderen, die gleich uns mit der Angst ringen.

Über die Menschengemeinschaft und die jeweilige Situation hinaus können wir unsere Seele erheben und die Verbindung zu den göttlichen Mächten suchen.

Aus dem Tagesbereich, in dem wir Freud und Leid erfahren, in dem wir mit wachen Sinnen unsere Aufgaben zu erfüllen und uns zu bewähren haben, treten wir ein in das Reich der Nacht, in die Welt des *Schlafes.* Diese Welt wird »das Unbewußte« genannt, weil sie für das heutige Bewußtsein dunkel und unerreichbar bleibt.

Es ist der Schoß der Gottheit, aus dem die Menschheit stammt und in den sie Nacht für Nacht wieder eintaucht, um neue Kräfte für das bewußte Tagesleben zu schöpfen.

Wir fahren unbewußt zur Nacht auf das Geistesmeer hinaus, um wie die Fischer unsere Netze auszuwerfen. Geistesschätze könnten wir heraufziehen und an Land bringen: Antworten auf unsere Fragen, neue Gedanken und Impulse für das Erdenleben, Hinweise für unser Werden und Tröstungen im Leide. Dazu bedarf es gut geknüpfter Netze: Vor dem Einschlafen auf den Tag zurückzuschauen, sich bewußtzumachen, welche Welt wir im Schlafe betreten, und uns im Abendgebet den himmlischen Mächten anzubefehlen.

Wir überschreiten auf diese Weise die Grenzen der Sinneswelt. Ja, wir lernen auf diesem Wege, die Grenzen von Geburt und Tod allmählich zu überwinden, denn im Bereich der Nacht sind wir verbunden mit den Verstorbenen und den Ungeborenen, mit denen, die sich zur Inkarnation anschicken und mit denen, die ihr Leben im Licht der Geisteswelt anschauen, um einst zu neuem Erdenleben herabzusteigen.

Die Welt, für die wir in dieser Weise unser Bewußtsein öffnen, umfaßt die Weiten, die Höhen und Tiefen des Daseins. Die Sonne, die ihr leuchtet, ist der Christus.

Vom Sinn der Angst

Schauen wir in diesem Licht auf das Wesen der Angst, so gibt sie uns ihr Geheimnis preis und läßt uns ihren dreifachen Sinn erkennen:

Sie ist zum *Wächter* über unser wahres geistiges Wesen bestimmt und peinigt uns, wenn dieses in Gefahr gerät, seinen Ursprung und seine Lebensquellen zu verlieren. Wie der Schmerz über die Gesundheit des Leibes wacht, so tut es die Angst im Hinblick auf das seelisch-geistige Wesen des Menschen. Sie ist ein sehr sensibles Wahrnehmungsorgan. Sie reagiert auf die verschiedenen Arten der Trennung, auf die feinen oder starken Schmerzen des Abgeschnittenseins von der göttlichen Lebenswelt, die uns unbewußt bleiben. Dieser Wächter schweigt nicht, wenn wir die Angst verdrängen oder auf irgendeine Weise von ihr loskommen wollen. Er will, daß wir nach der Ursache fragen und entdecken, warum er uns bedrängt.

Haben wir das in unser Bewußtsein aufgenommen, so ist das Wächteramt der Angst dennoch nicht beendet. Jetzt wäre es an uns, die Verbindung zur Gotteswelt zu suchen und uns von ihr finden zu lassen. Doch das Alltagsleben drängt sich meist sehr schnell wieder in den Vordergrund. Sobald die Angst ein wenig nachläßt, erlahmen wir in unserem inneren Tun. Dann ergreift die Angst unsere Seele um so stärker und preßt sie zusammen, so oft wir unser Ewiges vernachlässigen oder vergessen. Sie entläßt uns erst aus ihrer strengen Zucht, wenn wir gelernt haben, selber über unsere Verbindung zur Gotteswelt zu wachen.

Sobald wir die Bedrängnis der Angst zu überwinden beginnen und ruhig ihr Wesen anschauen können, erweist sie uns einen weiteren unschätzbaren Dienst. Die Widersachermächte, mit denen wir heute konfrontiert werden, haben ein Interesse daran, die Menschen nicht zur Sammlung, nicht zu sich selber kommen zu lassen.

Sie führen in die Zerstreuung, in den »Zeitvertreib«, in die Hetze und Unruhe und reißen die Menschen auf diese Weise, ohne daß es von ihnen bemerkt wird, immer mehr von den himmlischen Mächten los. Hier hat die Angst eine wichtige Aufgabe. Wir fassen uns mit ihrer Hilfe zusammen und halten uns beieinander, ohne daß wir von ihr überwältigt und gefangengehalten werden. Sie wird zu einer *Kraft*, die der Zerstreuung entgegenwirkt und derer wir uns bedienen können, so oft wir ihrer bedürfen.

Wir können beobachten, daß gerade diejenigen, die sich auf den Christusweg begeben haben, ganz besonders von Bedrängnissen, Belastungen und Prüfungen betroffen werden. Vielen ist das ein Rätsel. Warum geht es denen so gut, die nicht nach Gott fragen, und die Seinen trifft täglich Ungemach?

Der Sportler nimmt freiwillig schwere Belastungen auf sich, denn er weiß, daß das Training seine körperlichen Kräfte verstärkt. Der Führer der Seelen bedient sich der Ängste, Bedrängnisse und Prüfungen, um unsere inneren Kräfte zu stärken. Wenn wir das bemerken und diesen Sinn der Angst entdecken, nehmen wir sie willig auf uns. Der Apostel Paulus weist die Gemeinden oft auf dieses Geheimnis hin. So schreibt er an die Gemeinde in Rom:

»Wir können uns auch aller Bedrängnisse rühmen, die wir durchzumachen haben. Wir wissen, daß alles Schwere die innere Tragekraft verstärkt. Die Geduld führt zur Bewährung, und die Bewährung gibt das Recht auf Zukunftsfreudigkeit.«(Röm 5,3-4)

Die Zukunft derer, die durch schwere Schicksalsprüfungen, Leiden und Bedrängnisse gegangen sind und sie *überwunden* haben, schaut der Apokalyptiker Johannes in einem gewaltigen Bild: Vor dem Throne Gottes und dem Lamm hat sich eine große, von niemand zu zählende Schar aus allen Rassen und Völkern und Sprachen versammelt, mit weißen Gewändern bekleidet, Palmzweige in den Händen tragend. Sie stimmten in den Lobgesang der himmlischen Heerscharen ein, die um den Thron stehen. Und einer der Ältesten weist Johannes auf die weißgekleideten Überwinder hin:

»Sie sind es, die aus der großen Trübsal kommen. Sie haben ihre Gewänder gewaschen und leuchtend hell gemacht durch das Blut des Lammes. Deshalb können sie vor dem göttlichen Throne stehen und ihm Tag und Nacht in seinem Tempel dienen. Und der Thronende waltet und zeltet über ihnen. Sie werden nicht mehr hungern und nicht mehr dürsten, sie können nicht mehr von der Hitze der Sonne oder einem anderen Feuerbrande überwältigt werden. Denn das Lamm in des Thrones Mitte wird ihr Hirte sein und ihr Führer zu den Quellen, aus denen das Wasser des Lebens quillt. Und der Vatergott wird alle Tränen aus ihren Augen wischen. (Offb 7,14-17)

Welch eine Stärke den Menschen schon hier auf Erden eigen ist, die ihr Vertrauen auf die dreifaltige Gottheit gesetzt und die Angst überwunden haben, sehen wir staunend, wenn wir heute auf die ersten 2000 Jahre des Christentums zurückblicken:

So konnten die Märtyrer im Urchristentum mit Lobgesängen in den Tod gehen. Sie fühlten sich erwürdigt, um des Christus willen Schmach und Tod auf sich zu nehmen. Der Hebräerbrief spricht von der »Wolke der Zeugen«, die auf die göttliche Verheißung vertrauten, daß Gott einst den Messias senden werde. Es sind dort die Namen all derer genannt, die durch den Glauben lebten und große Taten vollbrachten: »Sie alle sind durch den Glauben zu Zeugen des Geistes geworden, obwohl sie die Erfüllung der Verheißung nicht erlebten.« (Hebr 11)

Bereits die Psalmendichter des Alten Testaments legen Zeugnis ab von dem unerschütterlichen Glauben und Vertrauen auf den Herrn:

Gott ist unsre Zuversicht und Stärke,
eine Hilfe in den großen Nöten, die uns getroffen haben.
Darum fürchten wir uns nicht, wenngleich die Welt unterginge
und die Berge mitten ins Meer sänken, …
Der Herr Zebaoth ist mit uns, der Gott Jakobs ist unser Schutz.
(aus dem 46. Psalm)

David, der Hirte und König, findet unvergängliche Worte in seinen wunderbaren Psalmen, so hier:

Der Herr ist mein Hirte, es wird mir nichts mangeln.
Er weidet mich auf einer grünen Aue
und führet mich zum frischen Wasser.

Er erquicket meine Seele,
Er führtet mich auf rechter Straße um Seines Namens willen.
Und ob ich auch wanderte im Tale der finsteren Todesschatten,
fürchte ich nimmer des Bösen Gefahr,
denn DU bist bei mir,
Dein Stecken und Stab trösten mich.
(aus dem 23. Psalm)

So konnte ein Dietrich Bonhoeffer vor seinem Abtransport zur Hinrichtung, die am 9. April 1945 im Konzentrationslager Flossenbürg stattfand, ruhig und bestimmt aussprechen: »Das ist das Ende, für mich der Beginn des Lebens.«

So konnte ein Jacques Lusseyran nach seiner Krankheit im KZ sagen: »Ich lebte noch elf Monate im Lager. Doch von diesen dreihundertdreißig Tagen äußerster Not habe ich heute nicht eine einzige schlechte Erinnerung zurückbehalten. Ich wurde von einer Hand getragen. Ich wurde von einer Schwinge beschützt ... Ich konnte endlich den anderen helfen ... Es geht nicht darum, zu trösten, weder die, die das Augenlicht verlieren, noch die, die sonst irgend etwas verlieren – das Vermögen, die Gesundheit oder einen lieben Menschen. Es ist vielmehr nötig, ihnen zu zeigen, was dieser Verlust ihnen bringt, ihnen die Geschenke zu zeigen, die sie an Stelle des Verlorenen empfangen. Denn es gibt immer Geschenke. Gott will es so ...«[23]

Aus solchem vertrauensvollen Sich-Verbinden mit den führenden göttlichen Mächten erwächst das Ja zum Leben, das Ja zum eigenen Schicksal, das so innig zu der eigenen Individualität gehört, wie immer es auch verlaufen möge, wie schwer es auch sei. Dieses Ja ist Ausdruck des Willens, im Einklang mit der Gottheit zu leben.

Von der Furcht und ihrer Verwandlung

Während die Angst uns in eine dunkle Wolke bannt und uns zusammenpreßt, ohne daß wir zunächst wissen, was uns bedrängt, ist es immer ein *Objekt*, ein *Gegenüber*, das uns unverhüllt entgegentritt, wenn wir in *Furcht* versetzt werden. Ein plötzliches tiefes Erschrekken läßt das Blut augenblicklich zum Herzen strömen. Unser Zentralorgan wird als erstes getroffen, und wir erblassen. Durch die Furcht erfolgt ein Angriff auf unser innerstes Wesen, und wir müssen von dorther, aus unserem Ich heraus, auf diesen Angriff antworten. Das fällt uns zunächst außerordentlich schwer, weil wir die Kraft dazu noch nicht in uns entwickelt haben. So ist die natürliche Gebärde des Erschreckens ein inneres Sich-Zurückziehen vor dem, was auf uns zukommt. Wir möchten es von uns fernhalten, möchten uns verbergen oder davor fliehen, sind aber in dieser Lage oft wie erstarrt und bewegungsunfähig.

Das Erwachen der Furcht

Auch die Furcht begleitet uns, ebenso wie die Angst, seit den frühesten Anfängen unserer Erdenentwicklung. Das 3. Kapitel des 1. Buches Mose berichtet davon. Im Paradiesesgarten sollten den Menschen die Früchte aller Bäume zur Nahrung dienen. Ein einziges Gebot hat ihnen Gott der Herr gegeben: Von dem Baum der Erkenntnis des Guten und des Bösen in der Mitte des Gartens sollten sie nicht essen. Sobald sie davon äßen, müßten sie sterben.

Nun regt sich in ihnen ein geheimnisvoller Trieb. Das Gebot verlockt zur Übertretung. Die Begrenzung der Möglichkeiten verführt dazu, diese eine, die ihnen jetzt noch nicht heilsam wäre, auch zu begehren. Dadurch findet der Versucher eine offene Stelle für seinen Angriff. Mit raffinierter Intelligenz deutet er das Gottesgebot um: »Ihr werdet nicht sterben, wenn ihr die verbotene Frucht genießt, sondern dann werdet ihr sein wie Gott und wissen, was gut und böse ist!« So weckt er den in den menschlichen Wesenstiefen ruhenden Erkenntnistrieb und sät zugleich Mißtrauen in die Menschenherzen: »Gott der Herr hat euch die Frucht nur verboten und den Tod nur angedroht, weil er das für sich selbst behalten will, was den Menschen eigentlich rechtmäßig zustände!«

Eva hört den Versucher und glaubt ihm. Damit ist sie der Versuchung bereits erlegen, und das Vertrauen in die weisheitsvolle Führung Gottes, das die Menschen bis dahin unbewußt erfüllte, wird getrübt. Auch das reine Erkenntnisstreben wird dadurch in eine andere Richtung gelenkt. Da es zugleich mit dem Mißtrauen gegenüber Gott dem Herrn geweckt wurde, wendet es sich von ihm ab und nimmt den Tod anstatt des göttlichen Lebens in sich auf.

Die Sagen der Juden beschreiben das Ereignis des

Sündenfalls so: »Da wich die leuchtende Wolke, die die Menschen seither umhüllt und bekleidet hatte, von ihnen, und sie gewahrten, daß sie nackt waren.« War diese leuchtende Wolke nicht der Mantel der Gottheit selbst, der sie von allen Seiten umgeben hatte, in dem sie lebten und atmeten? Nun aber zieht Gott der Herr diese wunderbare Hülle von ihnen ab, und die Menschen bemerken es. Eine ganz andere Seite des Gotteswesens, die sie bisher noch nicht kennengelernt hatten, offenbart sich ihnen jetzt. Sie werden des göttlichen »Auges« gewahr, das alles durchschaut, vor dem nichts im Verborgenen bleiben kann. Sie spüren plötzlich die göttliche Allgegenwart, vor der sie nackt und bloß dastehen. Aus Feigenblättern machen sie sich Schurze, die jedoch ihre eigentliche Blöße nicht decken können.

Als dann Gott der Herr nach Adam ruft, hat dieser nicht die Kraft, die göttliche Gegenwart zu ertragen und zu seinem eigenen Versagen zu stehen. Scheu und Scham erfüllen ihn, er will sich am liebsten verbergen, um dem göttlichen Antlitz zu entfliehen. Ein unbekanntes, erschreckendes Gefühl erwacht in ihm: *die Furcht.*

Gottes-Furcht

Solange Adam in der leuchtenden göttlichen Wolke geborgen war, kannte er diese Furcht nicht. Da er sich aber von der Gottheit entfernte und in die Sphäre des Widersachers geriet, stand er gleichsam der Gottheit gegenüber und erschrak vor der Reinheit und Heiligkeit ihres Antlitzes. Adam und Eva lernten Gott *fürchten*!

Den Tod gab es noch nicht. Dennoch mag die Kluft, die sich zwischen Gottheit und Menschheit nun aufzutun begann, ein erstes Erschauern vor seinem Wesen in ihren Seelentiefen erzeugt und sich mit der Furcht vor Gott verbunden haben. Von da an wurde stets eine schmerzvolle Ahnung des Getrenntseins von dem eigenen leuchtend-reinen Urbilde empfunden, wenn ein Strahl des göttlichen Lichtes sie traf. Der Sünden-»Fall« in die Tiefen der Schuld, des Todes und des Bösen wurde im göttlichen Lichte sichtbar.

Bis zur Zeitenwende und noch lange darüber hinaus lebte im Bewußtsein vieler Menschen die Tatsache: »Wer Gott sieht, muß sterben!« Rainer Maria Rilke beginnt die erste seiner Duineser Elegien mit den Worten:

Wer, wenn ich schriee, hörte mich denn aus der Engel
Ordnungen? und gesetzt selbst, es nähme
einer mich plötzlich ans Herz: ich verginge von seinem
stärkeren Dasein …
… Ein jeder Engel ist schrecklich.

Für die Völker in den vorchristlichen Zeiten hatte die Furcht vor den Göttern eine große Bedeutung. Durch Opfer sollten die Himmlischen gnädig gestimmt werden. Wer schuldig wurde, hatte ihren Zorn zu fürchten.

Nur die großen Führergestalten, die den übrigen Menschen schon um eine Stufe in der Entwicklung voraus waren, vermochten der Gottheit zu begegnen. Sie hatten die Furcht bis zu einem gewissen Grade bereits verwandelt. So wird von *Abraham*, dem Stammvater des Volkes Israel, überliefert, daß der Herr ihm erschien und mit ihm redete. Ja, er kehrte selbst bei ihm ein, der im Hain Mamre wohnte. Abraham bewirtete »die drei Männer«, und der Herr verhieß ihm den Sohn.

Er eröffnete Abraham auch das Schicksal der Städte Sodom und Gomorra. Abraham bat den Herrn für die Gerechten, die ja beim Untergang der beiden Städte mit den Ungerechten zugleich umkommen müßten. Und der Herr sagte ihm zu, er würde, wenn er zehn Gerechte in einer der Städte fände, um ihretwillen die ganze Stadt verschonen. Doch er fand sie nicht.

Lot, der Neffe Abrahams, der in Sodom wohnte, wurde mit seiner Frau und seinen zwei Töchtern von Engeln aus der Stadt herausgeführt, ehe die Katastrophe hereinbrach. Sie mahnten zur Eile, denn sie wußten, daß ein natürlicher, unvorbereiteter Mensch nicht in der Lage sein würde, den Anblick des Untergangs ohne Schaden zu überstehen. Darum befahlen sie Lot und seiner Familie, ja nicht zurückzuschauen. Doch die Frau des Lot blieb plötzlich stehen und wandte sich um. Sie hatte aber nicht die Kraft, das schaurige Bild der Zerstörung zu ertragen. Sie erstarrte auf der Stelle in Furcht und Entsetzen »zur Salzsäule«. (1Mo 19,26)

Eine der ganz großen Führer- und Prophetengestalten Israels, die in der göttlichen Gegenwart bereits leben konnten, war *Moses.* Als er den Auftrag erhielt, das Volk aus der Knechtschaft Ägyptens zu führen, hütete er die Schafe Jethros in der Wüste und kam immer näher an den Gottesberg Horeb heran. Aus den Flammen eines Dornbusches, der von ihnen nicht verzehrt wurde, redete der Herr mit ihm: »Ich bin der Gott deines Vaters, der Gott Abrahams, der Gott Isaaks und der Gott Jakobs.« Und Moses verhüllte sein Angesicht, denn noch fürchtete er sich, Gott anzuschauen, und er fürchtete sich auch vor dem schweren Auftrag, dem er sich nicht gewachsen fühlte. Er fragte nach dem Namen dessen, der ihn senden wollte, und erhielt die Antwort: *Ich bin der Ich-Bin*! So sollst du zu dem Volke Israel sagen: Der Ich-Bin hat mich gesandt.

Durch diese starke göttliche Kraft führte Moses das Volk aus Ägypten. Es wanderte durch die Wüste, und der Herr ging ihm voran, am Tage in einer Wolkensäule, des Nachts in einer Feuersäule. So gelangten es endlich an den Gottesberg. Dort wollte der Herr einen Bund mit dem Volke schließen und ihm seine heiligen Gebote anvertrauen. Der ganze Berg erbebte und war in Rauch gehüllt, denn der Herr fuhr unter Donnern, Blitzen und mächtigem Posaunenschall herab, um mit Moses zu reden. Das Volk aber erschrak. Es blieb in der Ferne stehen, zitternd vor Furcht, und sprach zu Moses: »Rede du mit uns, so wollen wir zuhören, aber Gott soll nicht mit uns reden, sonst müssen wir sterben.« Moses aber sprach zum Volke: »Fürchtet euch nicht; denn Gott ist nur gekommen, um euch auf die Probe zu stellen, und damit die Furcht vor ihm euch gegenwärtig bleibe, auf daß ihr nicht sündiget.« (2Mo 19-20)

Moses selbst aber stieg auf den Berg und ging in die Wolke hinein. Er sollte die Gesetzestafeln empfangen und in den Himmeln, durch die der Herr ihn führte, die Urbilder des Kultus schauen, nach denen das Innere der Stiftshütte gestaltet werden sollte. Wenn Moses in der Stiftshütte weilte, ließ sich die Wolke herab, und der Herr redete mit ihm von Angesicht zu Angesicht, wie ein Mann mit seinem Freunde redet. Als Moses zum zweiten Mal mit den Gesetzestafeln vom Berge herabstieg, da leuchtete sein Antlitz so stark, daß Aaron und das Volk den Glanz nicht ertragen konnten. (2Mo 31-34)

Mose und später die Richter und Propheten waren die Führer und Lehrer Israels. Die mit Zittern und Entsetzen verbundene Furcht vor dem Herrn lebte noch lange in den Seelen, und erst allmählich wandelte sie sich ein wenig. Das Volk erfuhr ja auch die Güte, Langmut und Treue Gottes, so daß das Vertrauen und die Liebe zu ihm die Furcht zu durchdringen begannen. Sie wurde zur »Gottesfurcht«. Zwar gab es das Wort Gottesfurcht damals noch nicht, aber die entsprechenden Empfindungen, die später mit diesem Wort bezeichnet wurden, bildeten sich heraus.

In dem »Buch der Sprüche Salomos« lesen wir manches über die Furcht in dieser verwandelten Bedeutung:

Die Furcht des Herrn ist der Anfang der
Erkenntnis. (Spr 1,7)
Die Furcht des Herrn ist eine Quelle des
Lebens. (Spr 14,27)

Die Furcht des Herrn ist die Schule der Weisheit. (Spr 15,33)

In den Seelentiefen der Menschheit lebte noch lange die Empfindung der Flammenschwerter, mit denen die Cherubim den Zugang zum Paradies hüteten, und das Bild des strengen göttlichen Richters wirkte selbst noch in christlichen Zeiten nach und klang in so manchen kirchlichen Hymnen und Totenmessen auf.

Aber das war nicht das Ende! Glänzte doch bereits bei der Erschaffung des Menschen die Zukunft seiner Gottebenbildlichkeit herein. Zum Mitarbeiter Gottes sollte er heranreifen. Darum hatte die Gottheit seit langem eine andere Verbindung zur Menschheit vorgesehen, durch die sich auch die Furcht verwandeln sollte.

Erfahrung der göttlichen Liebe

Seit der Mitte unseres Jahrhunderts ereignet sich etwas Rätselhaftes. Immer mehr Menschen machen Erfahrungen, mit denen sie niemals gerechnet hätten: Bei furchtbaren Verkehrsunfällen oder als Schwerkranke in den Kliniken erlebten sie ihren eigenen Tod mit![24] Einige konnten »reanimiert« und in den Leib und das irdische Leben zurückgeholt werden. Doch was sie in der kurzen Zeitspanne jenseits der Todesschwelle wahrgenommen hatten, war für sie selbst im höchsten Grade überraschend. Auf die Menschen, denen sie davon berichten wollten, wirkte es jedoch meist schockierend.

Nicht alle, die solche Erfahrungen mit dem Tode machten, waren fromme Leute oder überzeugte Christen. Unter ihnen gab es viele, die sich ganz auf das irdische Dasein festgelegt hatten, auch solche, die nach diesem Erlebnis äußerten, daß sie sich vorher für nichts anderes als Kino und Fußball interessiert hätten, solche, die sich kaum einmal mit religiösen Fragen beschäftigt hatten.

Sie alle erlebten eine bis in jede Einzelheit genaue Rückschau auf ihr gelebtes Leben, die auch manches enthielt, was ihnen jetzt unrecht erschien, und sie erwarteten im Stillen dafür eigentlich so etwas wie ein göttliches Gericht. Doch nichts dergleichen geschah.

Der Arzt George G. Ritchie, der als zwanzigjähriger Soldat den klinischen Tod durchmachte, erlebte dabei, wie eine hell leuchtende Gestalt sich ihm zuwandte und ihm sein ganzes Leben in unendlich vielen Bildern zeigte, doch sie verurteilte ihn nicht. »Ich (erkannte), daß *ich* es war, der die Begebenheiten um uns herum so streng beurteilte. *Ich* war es, der sie als unwesentlich, egoistisch, bedeutungslos erkannte. Keine solcher Verurteilungen kam von der Herrlichkeit, die mich umgab. Er tadelte nicht, er warf mir nichts vor. Er … liebte mich ganz einfach.«[25]

Auch andere klinisch Tote nahmen diese Gestalt wahr. Sie nannten sie »das Lichtwesen«, manche sagten, es sei Christus gewesen. Es ging von ihm eine überirdische Helle aus, die aber nicht blendete, eine unendliche Wärme und Liebe. Sie fühlten sich angenommen, bejaht und – so wie sie waren – geliebt. Und das erstaunte und beeindruckte sie tief.

Etwas unerwartet Neues hatte sich denen offenbart, die durch den klinischen Tod gegangen waren, und durch sie erhielten auch andere davon Kunde und konnten sie aufnehmen, sofern sie das wollten. Dieses Neue hatte bereits um die Zeitenwende seinen Anfang genommen, doch es wurde erst sehr allmählich und in seinen weltverwandelnden Auswirkungen zunächst nur von wenigen erkannt, zumal im Alten Testament nur selten vom »Vatergott« gesprochen worden war, sondern vor allem von der heiligen, strengen, gerechten Gottheit.

Daß Gott *Liebe* ist und daß ein liebender göttlicher Vater allem Dasein und Werden zugrundeliegt, diese Tatsache leuchtete erst durch den Christus in die Erdenwelt herein. Er sprach von diesem Geheimnis bereits am Anfang seines Wirkens zu Nikodemus, einem Mitglied des Hohen Rates, als Nikodemus zum Nachtgespräch den Meister aufsuchte:

»So sehr hat Gott die Welt geliebt, daß er ihr seinen eingeborenen Sohn hingab. Hinfort soll keiner mehr verlorengehen, der sich mit seiner Kraft erfüllt; er soll vielmehr Anteil gewinnen an dem zeitlosen Leben. Nicht um die Menschen zu richten, hat der Vater den Sohn in die Welt gesandt, sondern um sie zu retten.« (Joh 3,16-17)

Seinen Jüngern und dem Volk zeigt er immer wieder die Liebe des Vaters. Er lenkt ihren Blick auf die Vögel des Himmels, die weder säen noch ernten: »Und euer himmlischer Vater ernährt sie doch.« Er läßt sie zu den Lilien des Feldes hinschauen, die schöner gekleidet sind als Salomo in all seiner Königsherrlichkeit, und sagt zu ihnen: »Wenn Gott schon das Gras des Feldes so bekleidet, ... wird er dann nicht euch erst recht bekleiden? ... Sorget nicht! ... Euer Vater in den Himmeln kennt alle eure Bedürfnisse. Strebet vor allem nach dem göttlichen Reich und seiner Ordnung. Dann wird euch alles andere auch zuteil.« (Mt 6; Lk 12)

Zu den Jüngern spricht er von der Fürsorge des Vaters: »Wenn schon ihr, die ihr dem Guten noch so ferne seid, euren Kindern dennoch gute Gaben geben könnt, um wieviel mehr wird euer Vater in den Himmeln denen Gutes geben, die ihn von Herzen darum bitten.« (Mt 7,11)

Der Evangelist Johannes, der beim Abendmahl an der Brust Jesu lag, hat besonders viele Christusworte über die Liebe des Vaters erlauscht:

»Im Hause meines Vaters sind viele Wohnungen. Ich hätte sonst nicht zu euch gesprochen: Ich gehe hin, um euch die Stätte zu bereiten.« (Joh 14,2)

»Ich sage nicht, daß ich für euch den Vater bitten werde, denn der Vater selbst liebt euch ...« (Joh 16,27)

Nach seiner Auferstehung spricht er zu Maria Magdalena: »Rühre mich nicht an, denn noch bin ich nicht aufgestiegen zu dem väterlichen Weltengrund. Gehe aber jetzt zu meinen Brüdern und sage ihnen: Ich fahre auf zu meinem Vater und zu eurem Vater, zu meinem Gott und zu eurem Gott.« (Joh 20,17)

Der Vater liebt den Sohn, und der Sohn liebt den Vater. Er hat das Werk des Vaters zu vollenden, der den Weltenfortgang in die Hand des Sohnes gelegt hat.

Auch der Sohn liebt die Menschen. Beim letzten Mahl sagt er zu seinen Jüngern:

»Wie mich der Vater geliebt hat, so liebe ich euch … Eine größere Liebe kann niemand haben als die, sein Leben hinzugeben für seine Freunde …« (Joh 15,9;13) Und er gibt es freiwillig dahin, um die Menschheit zu retten. Was dieser Opfertod bedeutet, können wir kaum ermessen! Christian Morgenstern[26] drückt das in einem Gedicht so aus:

Faßt ein Herz des Opfers Größe?
Mißt ein Geist dies Opfer ganz?
Wie ein Gott des Himmels Glanz
Tauscht um Menschennot und -blöße!

Ich-Entwicklung

Auch den *Menschen* gibt der Vatergott durch den Sohn die Möglichkeit, mitzuschaffen, um das große Ziel zu erreichen, der Gottheit ähnlich zu werden. Er legte die Keime dazu schon am Anfang des Werdens in das Menschenwesen hinein. Stufe um Stufe entfalteten sie sich, zuerst ohne das menschliche Mitwirken, bis die eigentliche Ich-Entwicklung begann.

Die Ich-Kraft stammt aus der göttlichen Liebes-Substanz. Ihr Hereinwirken können wir heute innerhalb einer kurzen Zeitspanne an den kleinen Kindern wahrnehmen. Sie leuchtet über ihren allerersten Lebensjahren und hilft, die drei höchsten menschlichen Fähigkeiten in Reinheit zu entfalten: Aufrichten, Sprechen, Denken.

Dem Kinde selbst bleibt diese göttliche Mitwirkung unbewußt. Wenn dieser Grund gelegt ist, zieht sich das wahre Ich des Kindes zurück und leuchtet nur wie ein Stern über seinem Wesen. Sein Licht erscheint nun stufenweise im Spiegel des menschlichen Bewußtseins. Dadurch erleben wir uns als Iche und bezeichnen uns auch so.

Als der Christus, das Welten-Ich, sich der Erde nahte, waren die Menschen gerade auf dem Wege, sich zu einzelnen Ich-Wesen zu entwickeln. Einer nach dem anderen löste sich aus den Gruppen- und Volkszusammenhängen heraus und wurde ein Mensch für sich. Das bedeutete zugleich, daß er einsam wurde, aber damit auch »Christus-fähig«.

Dann zog der Christus bei der Taufe im Jordan in den Menschen Jesus ein. Die überwältigende Glorie seiner Lichtgestalt blieb unter der Hülle des irdischen Leibes verborgen. Er lebte als Mensch unter uns Menschen, und das warme, milde Leuchten, das von ihm ausging, blendete nicht. Er wollte die Menschen nicht überwältigen durch die Übermacht seines göttlichen Wesens. In Freiheit sollten sie selbst erkennen, wer da in ihrer Mitte wandelte. Nur seine Worte und Taten sollten von ihm zeugen. Durch die Kraft seines Ich wollte er ihnen helfen, sich selbst zu finden, sich selbst zu erziehen, sich selbst im Lichte des Geistes zu erkennen und zu beurteilen. Er wollte sie lehren, die Gottheit und ihre Mitmenschen zu lieben. Ihr wahres Ich, das so lange in Geisteshöhen für sie bewahrt worden war, wollte er ihnen nun wiederbringen, damit sie allmählich zum Herrn in der eigenen Seele würden.

In dem Maße, wie die Christuskraft zusammen mit der Kraft unseres wahren Ich in uns zu wirken beginnt, werden wir fähig, die Furcht zu verwandeln. Doch das war und ist ein langer Weg.

Selbst der Jünger bemächtigte sich immer wieder die Furcht, obwohl sie drei Jahre lang dem Christus nachfolgten und ständig in seiner unmittelbaren Nähe lebten.

Auf dem See Genezareth gerieten sie in einen entsetzlichen Sturm, und wenngleich der Christus mit ihnen im Schiff war, wenn er auch schlief, waren sie doch voller Schrecken und meinten, sie müßten untergehen.

Drei von ihnen nahm der Christus Jesus mit auf den Berg der Verklärung. Da wurde seine Gestalt vor ihnen verwandelt, sein Angesicht leuchtete wie die Sonne, und seine Gewänder wurden weiß, hellstrahlend wie das Licht. Zu ihm traten die Geistgestalten des Moses und des Elias und unterredeten sich mit ihm. Da erschien eine leuchtende Wolke, und eine Stimme sprach aus der Wolke: »Dies ist mein vielgeliebter Sohn, in ihm ist meine Offenbarung, den höret!« Da fielen die Jünger zu Boden, denn eine ungeheure Furcht hatte sie ergriffen.

Auch seine Gefangenschaft und seinen Kreuzestod konnten sie nicht begreifen, gerade weil sie sein göttliches Wesen erkannt hatten. War es denn möglich, daß er den Menschen preisgegeben wurde und den schmachvollen Tod erleiden mußte, ohne daß die himmlischen Heerscharen ihm zu Hilfe kamen? So flohen sie alle und waren voller Furcht und Verzweiflung.

Nur der Jünger, den Jesus lieb hatte, vermochte bewußt unter dem Kreuz zu stehen, dazu auch die Frauen. Am leeren Grabe des Ostermorgens konnte dieser Jünger als erster an die Auferstehung glauben! Die Seinen jedoch, die ihm nachgefolgt waren, traf das weltverwandelnde, heilbringende Geschehen mit einer so unerhörten Gewalt, daß es ihnen erdbebengleich den Boden unter den Füßen wegriß.

Die Frauen kommen in der Morgenfrühe des Ostersonntags zum Grabe, um den geliebten Toten zu salben. Sie finden das Grab geöffnet und leer. Ein Engel verkündet ihnen: »Fürchtet euch nicht! Ihr sucht Jesus von Nazareth, der gekreuzigt wurde. Er ist auferstanden und ist nicht hier!«

Wer kann diese Botschaft fassen, ohne daß er bis in die Grundfesten seines Wesens erschüttert wird? Denn es bricht eine neue Welt aus dem Grabe der alten hervor, die es so noch niemals gegeben hat. Markus beschreibt das Erleben der Frauen so: »Und sie kamen heraus und flohen vor dem Grabe, denn Zittern und Entsetzen hatte sie erfaßt, und konnten niemand etwas sagen, so fürchteten sie sich.« (Mk 16,8) Endlich tritt er selbst in ihre Mitte, und sie erkennen ihn mit unaussprechlichem Jubel als den Auferstandenen! Während vierzig Tagen erscheint er ihnen nun immer wieder, um sie zu lehren und das Mahl mit ihnen zu halten.

Vierzig Tage gingen sie wie schwebend.
Aller Reife Süßigkeit und wunderbare
Geistesfrucht der letzten dreien Jahre
hatte Er, in ihrer Mitte lebend,

seinen Jüngern ausgestreut als ewig wahre
Himmelssaat – nun bricht sie auf im Leuchten
ihrer Augen, die sich leise feuchten.
Ist es ihnen nicht, als hörten sie die klare

Botschaft wieder? Jetzt erkennen sie mit Schmerzen,
wer Er wirklich war, – den sie verloren.
Als den Tod-Besieger, neu geboren,
dürfen sie Ihn nun im Lichte schauen,
ohne Furcht sich Seinem Weg vertrauen:
Und es brannten ihre Herzen.

Constanze von Borck[27] (1903–1983)

In den ersten Tagen nach diesen Ereignissen hatten die Jünger die Türen des Raumes, in dem sie sich versammelten, aus Furcht vor den Juden noch fest verschlossen. Doch die österliche Gemeinschaft mit dem Auferstandenen, die sie bis zu seiner Himmelfahrt immer von neuem erfuhren, erfüllte sie mit einer nie gekannten Freude und Kraft. Und als sie zu Pfingsten seinen Heiligen Geist empfingen, fühlte jeder von ihnen in seinem Inneren die unmittelbare Gegenwart Christi selbst. Sie wurden seine Apostel und trugen die Botschaft von Tod und Auferstehung Christi bis an die Enden der Erde. Sie fürchteten weder

Martyrium noch Tod, denn ihre Furcht hatte sich völlig verwandelt.

Zuvor konnte ein erschreckendes Ereignis ihr Ich im Innersten treffen und ihr ganzes Wesen erschüttern. Nun aber war dieses Ich erfüllt vom Feuer göttlicher Begeisterung, von der Liebe zu Christus, von Verehrung und Anbetung seiner weltverwandelnden Taten! Und immer wieder trug *Ehrfurcht*[28] ihre Herzen empor zu ihm, und ihre innere Kraft wurde durch ihn erneuert.

Die Mission der Ehrfurcht

Bevor im 19. Jahrhundert der faszinierende wissenschaftlich-technische Fortschritt begann, der die Welt und im Laufe der Zeit auch die Menschen veränderte, und ehe der Materialismus, der den Geist verneint, seinen Siegeszug antrat, wies Goethe auf die Bedeutung der *Ehrfurcht* für das Werden des Menschen hin. Er erachtete es als eine Notwendigkeit, daß der Mensch aufblicken lerne zu einem Höheren, Vollkommeneren, welches er noch nicht erreichen kann, dem er sich jedoch verehrend, voller Hochachtung, Liebe und Dankbarkeit zuwendet und entgegenstreckt, um das Höchste zu erreichen, wozu wir als Menschen fähig sind.

In seinem Roman *Wilhelm Meisters Wanderjahre*[29] entfaltet Goethe seine zukunftsträchtigen Ideen über die Erziehung des Menschen. Wilhelm läßt seinem Sohn Felix die Ausbildung in der »Pädagogischen Provinz«

angedeihen. Dort soll den Heranwachsenden nicht in erster Linie intellektuelles Wissen vermittelt werden, sondern sie sollen durch das Ausüben praktischer, handwerklicher und künstlerischer Tätigkeiten allseitig gebildet werden, um an einer neuen sozialen Ordnung unter den Menschen tätig mitwirken zu lernen.

Dazu gilt es, drei Ehrfurchten zu erüben, denn »eins bringt niemand mit auf die Welt, und doch ist es das, worauf alles ankommt, damit der Mensch nach allen Seiten zu ein Mensch sei.« Es ist die *Ehrfurcht*! Ehrfurcht vor dem, was *über* uns ist, vor dem, was *neben* uns ist, und vor dem, was *unter* uns ist. Dreierlei Gruß und Gebärde führen die Zöglinge in den jeweiligen Epochen der Erziehung aus, die sich aus der entsprechenden Ehrfurcht ergeben. »Hier liegt die Würde, hier das Geschäft aller echten Religionen …« Wilhelm wird jetzt von den Oberen der Pädagogischen Provinz in einzigartiger Weise über die Religionen belehrt:

»Keine Religion, … die sich auf Furcht gründet, wird unter uns geachtet. Bei der Ehrfurcht, die der Mensch in sich walten läßt, kann er, indem er Ehre gibt, seine Ehre behalten …

Die Religion, welche auf Ehrfurcht vor dem, was *über* uns ist, beruht, nennen wir die ethnische; es ist die Religion der Völker und die erste glückliche Ablösung von einer niederen Furcht … Die zweite Religion, die sich auf jene Ehrfurcht gründet, die wir vor dem haben, was uns *gleich* ist, nennen wir die philosophische … Nun ist aber von der dritten Religion zu sprechen, gegründet auf die Ehrfurcht vor dem, was *unter* uns ist; wir nennen sie die christliche, weil sich in ihr eine solche Sinnesart am meisten offenbart; es ist ein Letztes, wozu die Menschheit gelangen konnte und mußte. Aber was gehörte dazu, die Erde nicht allein unter sich liegen zu lassen und sich auf einen höheren Geburtsort zu berufen, sondern auch Niedrigkeit und Armut, Spott und Verachtung, Schmach und Elend, Leiden und Tod als göttlich anzuerkennen, ja Sünde selbst und Verbrechen nicht als Hindernisse, sondern als Fördernisse des Heiligen zu verehren und liebzugewinnen! ...

Zu welchen von diesen Religionen bekennt ihr euch denn insbesondere? sagte Wilhelm. Zu allen dreien, erwiderten jene: denn sie zusammen bringen eigentlich die wahre Religion hervor; aus diesen drei Ehrfurchten entspringt die oberste Ehrfurcht, die Ehrfurcht vor sich selbst, und jene entwickeln sich abermals aus dieser, so daß der Mensch zum Höchsten gelangt, was er zu erreichen fähig ist, daß er sich selbst für das Beste halten darf, was Gott und die Natur hervorgebracht haben, ja, daß er auf dieser Höhe verweilen kann, ohne durch Dünkel und Selbstheit wieder ins Gemeine gezogen zu werden.«

Arbeit an sich selbst

Furcht läßt sich nicht verwandeln, ohne daß wir allmählich durch intensive Arbeit an der eigenen Persönlichkeit uns selbst verwandeln. Rudolf Steiner hat den Weg zum Erüben von Verehrung und Devotion in folgender Weise beschrieben:[30]

»Wenn wir nicht das tiefgründige Gefühl in uns entwickeln, daß es etwas Höheres gibt, als wir sind, werden wir auch nicht in uns die Kraft finden, uns zu einem Höheren hinaufzuentwickeln ... Höhe des Geistes kann nur erklommen werden, wenn durch das Tor der Demut geschritten wird ... Unsere Zivilisation neigt mehr zur Kritik, zum Richten, zum Aburteilen und wenig zur Devotion, zur hingebungsvollen Verehrung. Unsere Kinder schon kritisieren viel mehr, als sie hingebungsvoll verehren. Aber jede Kritik, jedes richtende Urteil vertreiben ebenso sehr die Kräfte der Seele zur höheren Erkenntnis, wie jede hingebungsvolle Ehrfurcht sie entwickelt.

... für die Seele sind Gefühle das, was für den Leib die Stoffe sind, welche seine Nahrung ausmachen. Wenn man dem Leibe Steine statt Brot gibt, so erstirbt seine Tätigkeit. Ähnlich ist es mit der Seele. Für sie sind Verehrung, Achtung, Devotion nährende Stoffe, die sie gesund, kräftig machen; vor allem kräftig zur Tätigkeit des Erkennens. Mißachtung, Antipathie, Unterschätzung des Anerkennenswerten bewirken Lähmung und Ersterben der erkennenden Tätigkeit ...«

Todesprozesse in uns

Die Kraft zur Wandlung in das wahre Menschenwesen empfangen wir durch den *Tod während des Lebens.* Viele fürchten ihn. Und doch ist das Leben auf höherer Stufe ohne ihn nicht möglich. – Selbst im Pflanzen-

und Tierreich walten Todesprozesse in Form der Metamorphose. Immer muß erreichte Bildung vergehen, um höherem Leben den Raum freizumachen. »Wer nicht stirbt, eh er stirbt, der verdirbt, wenn er stirbt«, sagt ein alter Spruch.

Todesprozesse finden, ohne daß wir es beachten, ständig in uns statt. Leben, Wachstum, Aufbau liegt dem heutigen Menschen nahe und ist ihm überall erwünscht. Leben allein aber – ohne den Tod – wäre nur ein pflanzenhafter Schlafzustand, den wir nicht als menschlich bezeichnen würden. Denn daß wir ein *Bewußtsein* haben von der Welt und all ihren Wesen, von uns selbst und unserer Innenwelt, macht gerade das Charakteristische menschlichen Lebens aus.

Diese Bewußtseinskräfte zehren tagsüber an der Substanz unseres physischen Leibes. Darum ermüden wir und bedürfen des Schlafes. Da lösen sich Seele und Geist vom Leibe, so daß die Lebenskräfte ungestört den Leib regenerieren können, damit er uns am Morgen gestärkt und frisch wieder zur Verfügung steht.

Wir verdanken also den Todesprozessen in unserem Organismus die Möglichkeit, höheres, bewußteres Leben zu entfalten: Gedanken und Vorstellungen zu bilden, Wahrnehmungen zu machen, bestimmte Ziele bewußt und willentlich zu verfolgen und anderes mehr. Diese Todesprozesse sind in unserer menschlichen Organisation veranlagt worden (siehe S. 27). Ob wir uns über diese natürlichen Todesprozesse hinaus mit dem Tode bewußt verbinden und ihn in unser Leben hereinnehmen wollen, ist in unsere Freiheit gestellt. Wir sind noch nicht das, was wir einmal werden sollen, und brauchen daher schon während des Erdenlebens den Tod, um unsere Natur zu verwandeln und ihr das wahre höhere Dasein zu entbinden.

Der Tod am Lebensende

Er ist ein Ereignis, das auf jeden Menschen zukommt und nicht in seine Freiheit gestellt ist. Ob wir ihn fürchten oder nicht, ob wir ihn aus unserem Bewußtsein zu verdrängen suchen oder nicht. Den Sinn des Todes immer mehr zu entdecken, nimmt ihm viel von seinem Schrecken und uns viel von der Furcht vor ihm.

Goethe sprach des öfteren vom Tode und der Notwendigkeit des Sterbens. In klassischer Prägnanz und Kürze formulierte er einmal das Entwicklungsgesetz des Menschen als ein »Stirb und Werde!«[31] Johann Peter Eckermann berichtet von einer Äußerung Goethes im Anblick der untergehenden Sonne: »Untergehend sogar ist's immer dieselbige Sonne. Wenn einer fünfundsiebzig Jahr alt ist«, fuhr er darauf mit großer Heiterkeit fort, »kann es nicht fehlen, daß er mitunter an den Tod denke. Mich läßt dieser Gedanke in völliger Ruhe, denn ich habe die feste Überzeugung, daß unser Geist ein Wesen ist ganz unzerstörbarer Natur; es ist ein fortwirkendes von Ewigkeit zu Ewigkeit. Es ist der Sonne ähnlich, die bloß unsern irdischen Augen unterzugehen scheint, die aber eigentlich nie untergeht, sondern unaufhörlich fortleuchtet.«[32]

Friedrich Hölderlin sagt: »Wir sterben, um zu leben.« Johann Gottlieb Fichte äußert in seiner Schrift »Die

Bestimmung des Menschen« folgendes: »Aller Tod ist Geburt, und gerade im Sterben erscheint sichtbar die Erhöhung des Lebens ... Tod und Geburt ist bloß das Ringen des Lebens mit sich selbst, um sich stets verklärter und ihm selbst ähnlicher darzustellen.« Hermann Hesse beschreibt die Fähigkeit des Menschen, sterben zu können, so:

Sterben lern auch du und dich ergeben,
Sterbenkönnen ist ein heilig Wissen.
Sei bereit zum Tod – und hingerissen
Wirst du eingehn zu erhöhtem Leben.

Wenn das menschliche Bewußtsein schon im irdischen Leben auf den Todesprozessen des Organismus basiert, welche unendliche Erweiterung muß es dann erst im Tode erfahren!

Ist es nicht eine brennende, nicht zu beantwortende Frage vieler Menschen von Jugend an: »Wer bin ich?« Das Leben und die Mitmenschen geben darauf immer nur Teilantworten. Das Ganze, das Umfassende des Menschenwesens bleibt im Dunkel. Erst im Tode wird diese Frage vollständig beantwortet. Wer über die Todesschwelle in das Licht der geistig-göttlichen Welt tritt, der schaut und erkennt, wer er eigentlich ist, wer er war, welche Realität sein Leben in diesem Lichte hat und welche Zukunftsaufgaben ihm daraus erwachsen. Er erlebt, was sein Tun und Lassen für die Menschen seines Umkreises und das Werden der Welt bedeutete.

Das haben in unserem Jahrhundert diejenigen bewußt erlebt, die einen klinischen Tod durchmachten. Nach ihrer Rückkehr waren sie von ganz neuen Zielen erfüllt. Ihr Leben hatte eine andere Richtung erhalten. Sie strebten danach, sich an dem Wahren und Guten zu orientieren und eine intensive, selbstlose Liebe zu anderen Menschen zu entwickeln. Der Tod hatte für sie seine Schrecken verloren. Eine Frau schilderte ihn als einen Übergang von einem Zustand in den anderen oder als ein Aufsteigen auf eine höhere Ebene des Bewußtseins oder des Seins. Eine andere verglich den Tod mit einer »Heimkehr«. Viele kamen zurück mit einem neuen Verständnis von der anderen Welt. Sie erlebten, daß es dort nicht um Verurteilung geht, sondern um gemeinsam vorangetriebene Entwicklung auf das Endziel der Selbstverwirklichung und der Liebe hin.[33]

All die Gedanken über den Tod und ebenso die unerwarteten Erfahrungen der Sterbenden wären nicht möglich gewesen ohne das Zentralereignis der Menschheitsentwicklung: Opfertod und Auferstehung des Christus Jesus.

Er starb am Kreuz auf Golgatha den Tod der Menschen. Dennoch war dieser Tod ein Ereignis von kosmischer Größe und Wirkung! Die Sonne verlor ihren Schein, die Erde erbebte, die Gräber taten sich auf, und der Vorhang im Tempel zerriß von oben bis unten. Ein neuer Äon begann für Himmel, Erde und Menschenwelt. Unendliche Früchte gingen aus dieser Opfertat hervor für alle künftigen Zeiten. Niemand braucht seitdem ohne seinen Beistand durch den Tod zu gehen. Christus hat gesprochen: »Ich bin die Auferstehung und das Leben. Wer an mich glaubt, wird leben, auch wenn er stirbt, und wer mich als sein Leben in sich aufnimmt, ist von der Macht des Todes befreit.«

Ein neues Verhältnis zum Tode

Durch das Eins-Werden mit Christus kann der Mensch eine wunderbare, vollkommene *Verwandlung der Todesfurcht* erfahren und vollbringen. Während der Abschiedsreden am Abend des Gründonnerstages leuchtet diese göttlich-menschliche Vereinigung immer wieder in den Christusworten auf: »Ich lebe, und ihr sollt teilhaben an diesem Leben. An jenem Tage werdet ihr erkennen, daß ich im Vater bin und ihr in mir und ich in euch. Wer meine Weltenziele kennt und in seinen Willen aufnimmt, der ist es, der mich in Wahrheit liebt.« (Joh 14,19-21)

Eine solche wesenhafte Verbindung, wie sie in dem Bilde von Christus als dem Haupt und seiner Gemeinde als den Gliedern an seinem Leibe erscheint, bewirkt ein gänzlich neues Verhältnis des Menschen zu seinem eigenen Tode. Sein »kleiner« Tod ist gleichsam aufgenommen in den »großen«, weltverwandelnden Tod Christi.

Paulus erlebte diese Realität immer von neuem. So schreibt er an die Gemeinde in Rom: »Wißt ihr nicht, daß wir alle, die wir in Christus getauft sind, in seinen Tod getauft sind? So sind wir alle mit Ihm begraben worden, ... damit, wie Christus auferweckt wurde von den Toten durch die Herrlichkeit des Vaters, so auch wir im neuen Stande des Lebens wandeln sollen.« (Röm 6)

Das Wort, welches der Christus Jesus kurz vor seinem Tode zu den Griechen, die ihn sehen wollten, sprach, erfüllte sich nach seinem Todessieg und wird sich durch alle Zeiten in neuer Weise erfüllen:

»Die Stunde ist gekommen, da sich der Sohn des Menschen offenbaren soll in seiner Geistgestalt. Ja, ich sage euch: Wenn das Weizenkorn, das in die Erde fällt, nicht erstirbt, so bleibt es, was es ist. Erstirbt es aber, so trägt es viele Frucht.«

Darum dürfen alle, die sich dem Christus verbinden, voller Hoffnung auf die Neugeburt der Welt sein, in der auch die Menschen in unverweslichen Leibern leben und wirken werden.

»Denn welchen er durch seine Erkenntnis das Sein gegeben hat, denen gab er auch die Wesensgestalt: Gleichgestaltet sollten sie sein dem Ebenbild des Sohnes, der so der Erstgeborene sein sollte unter vielen Brüdern,« schreibt Paulus an die Gemeinde in Rom. (Röm 8)

Mut des Herzens

Wenn unser Herz von Liebe und starkem Vertrauen zu den göttlichen Mächten erfüllt ist, dann wird es zwar auch von jähem Erschrecken und plötzlicher Furcht getroffen. Doch die Furcht überwältigt uns nicht, sie *fordert uns heraus*! Sie weckt in uns den *Mut*, allen furchterregenden Ereignissen und Wesen standzuhalten. Wir hätten es zwar lieber, wenn wir in Ruhe leben könnten und nicht ständig durch die Furcht vor uns begegnenden Schicksalen oder Bedrohungen aufgestört würden. Doch ohne diese Herausforderungen sind wir immer in Gefahr, der Trägheit zu verfallen. Wichtige Fähigkeiten unseres inneren Menschen kämen dadurch gar nicht zur Entfaltung.

Es ist bewegend wahrzunehmen, wie ein Kind im ersten Lebensjahrsiebt in Gefahr unbewußt die Kräfte des Mutes zu Hilfe rief, wie einmal ein Waldorflehrer berichtete:

»Eine Mutter mußte ihr kleines, sehr zartes Mädchen für eine Weile in der Wohnung alleinlassen. Sie schärfte ihm ein, beim Klingeln auf keinen Fall die Türe zu öffnen. Vielleicht erinnerte sie das Kind an das Märchen vom Wolf und den sieben jungen Geißlein; vielleicht warnte sie es vor einem Räuber, der vor der Tür stehen könnte. Das Kind versprach, beim Klingeln nicht zu öffnen, und die Mutter ging. Nachdem sie ein Stück des Weges zurückgelegt hatte, überkamen sie Bedenken, ob sie sich wirklich auf das Kind verlassen könnte. Sie kehrte wieder um und klingelte an der Korridortür. Eine Weile blieb alles still. Dann wurde drinnen vorsichtig eine Tür geöffnet, und sie hörte die Schritte der kleinen Füße auf dem Flur. Plötzlich rief die feine, hohe Kinderstimme mutig: ›Geh weg, du böser Räuber! Hier ist ein großer Löwe!‹ – Die Mutter mußte unwillkürlich lächeln über das kleine Mädchen, das als Löwe einen Räuber in die Flucht schlagen wollte.«

Was mag wohl in dem Kinde vorgegangen sein? Sicher war es erschrocken über das Klingeln, denn nun stand also wirklich der böse Räuber vor der Tür, von dem die Mutter gesprochen hatte. Das Mädchen hätte sich wohl gern in eine Ecke verkriechen und ganz still verhalten mögen, bis die Mutter zurückkehrte. Doch was hatte der Räuber vor ihrer Tür zu suchen? Würde er die Mutter fangen wollen, wenn sie nach Hause kam? – Was sollte das Kind nun tun? Da verwandelte es sich in den großen, schrecklichen Löwen, vor dessen Stärke und Mut selbst ein Räuber machtlos ist!

Ein alter Reiterspruch empfiehlt, sich vor dem Überspringen der für Reiter und Pferd nicht ungefährlichen Hürden selber zuzurufen: »Wirf dein Herz hinüber und spring ihm nach!« Das gilt auch für vieles andere, vor dem wir bangen. Steht der Tod uns unmittelbar bevor, und wir schicken unser Herz voraus in das Licht der Geisteswelt, wo der Christus uns erwartet, werden wir mutvoll den Sprung hinüber wagen!

Mut braucht nicht nur im Äußeren durch glänzende Taten in Erscheinung zu treten. Es gibt auch den im Verborgenen wirkenden *Mut des Herzens*. Der polnische Arzt und Pädagoge jüdischer Abkunft, Janusz Korczak, hatte sich diesen errungen.

Er war 1878 oder 79 in Warschau in einer angesehenen bürgerlichen Familie geboren worden und hieß eigentlich Henryk Goldszmit. Unter dem Namen Janusz Korczak veröffentlichte der Student und später der Arzt seine literarischen Werke.

Schon während seiner Studienzeit empörte ihn das Elend der verwahrlosten Kinder, und er nahm in einem Zeitungsartikel öffentlich dazu Stellung. Darin hieß es: »Solange wir nicht allen Menschen Brot und ein Dach über dem Kopf geben, dazu die Möglichkeit, sich geistig zu vervollkommnen, solange dürfen wir uns nicht der Täuschung hingeben, wir verdienten den Namen ›Menschliche Gesellschaft‹«.

Einige Jahre arbeitete er als Arzt in einer Kinderklinik, hatte daneben aber eine vielbesuchte Praxis und bald den Ruf eines Arztes, der mehr kann und tut, als Medizin zu verschreiben. Er verdiente gut, und dank der vielen wohlhabenden Patienten konnte er die Armen kostenlos behandeln.

Er war Mitglied der Warschauer Wohltätigkeitsgesellschaft und kümmerte sich in seinen freien Stunden um die Kinder und Jugendlichen von der Straße. Fast in jeder Urlaubszeit wirkte er in den sogenannten *Sommerkolonien* mit, wohin Arbeiterfamilien für wenig Geld ihre Kinder in die Ferien schicken konnten. Nach Jahren verfaßte er einen ausführlichen Bericht über diese Unternehmungen. Seine Anfangserfahrungen waren katastrophal! Er schreibt: »Den Sommerkolonien habe ich viel zu verdanken ... Reich an Illusionen, arm an Erfahrung, sentimental und jung, glaubte ich, vieles schaffen zu können ... Ich hatte viele Bücher über Kinderpsychologie gelesen. Aber trotzdem stand ich ratlos vor dem Geheimnis der Kollektivseele einer Kindergemeinschaft. Daß sie mir unbekannte, neue Forderungen stellte, daß ich schmerzlich überrascht war, unterlag keinem Zweifel. Mein Ehrgeiz war getroffen, ein Gefühl des Überdrusses befiel mich; wie denn, so bald schon?«

Es waren bittere Erfahrungen, die er machte. »Anfangs empfand ich einen brennenden Schmerz. Das gesamte Kristallgebäude meiner Träume stürzte ein, fiel in Trümmer. Zorn und beleidigter Ehrgeiz: ich werde zum Gespött derer, die ich an Gemütswerten weit überrage, die ich überzeugen, durch mein Beispiel hinanziehen, denen ich vielleicht auch imponieren wollte.«

Doch Korczak resignierte nicht, er hatte den Mut, selbstkritisch seine eigenen Fehler und Unterlassungen zu sehen. Die deprimierenden Erfahrungen wurden für ihn zur Quelle neuer Einsichten und ernster Selbstprüfung. »Erkenne dich selbst, bevor du Kinder zu erkennen trachtest«, schreibt er später.

1911, mit 32 oder 33 Jahren, gab Korczak seine Arzttätigkeit auf und übernahm die Leitung eines neugegründeten Waisenhauses für jüdische Kinder. Er führte es fast dreißig Jahre lang, und es wurde zu einem wirklichen *Heim* für die Kinder, zu einer lebendigen »pädagogischen Provinz«.

Nach dem deutschen Überfall auf Polen verschärfte sich die Situation für die Bevölkerung des Landes und besonders Warschaus ständig, vor allen anderen natürlich für die der jüdischen Menschen. Im Herbst 1940 mußte Korczak mit seinen Kindern das Waisenhaus, für das er seine ganze Kraft eingesetzt hatte, innerhalb weniger Tage verlassen und in das Getto ziehen, das mit einer Mauer umgeben war. Es durfte nur mitgenommen werden, was jeder einzelne tragen konnte. Ein polnischer Schriftsteller schreibt über das Getto: »Eine Enklave des Grauens inmitten einer Stadt voll diffusen Terrors, eine Hungertodinsel im Meer der langsam quälenden Aushungerung Warschaus, die Stätte höchsten Unrechts unter dem allgemeinen Unrecht.«

Das Korczak für die Kinder zugewiesene Haus war völlig ungeeignet. Korczak mußte immerfort improvisieren. Doch er fuhr fort, mit den Kindern Theaterstücke aufzuführen und Konzerte zu veranstalten. Der Hunger quälte. Korczak verfaßte Bittbriefe oder ging selbst betteln. In seinem Haus starb trotz der furchtbaren Verhältnisse kein Kind. Aber: »Unser Haus ist jetzt ein Altersheim. Die Kinder schleichen umher. Nur die äußere Haut ist normal. Aber darunter sind Erschöpfung, Unlust, Zorn, Aufruhr, Mißtrauen, Traurigkeit und Sehnsucht verborgen«, schreibt er in sein Tagebuch.

Kurz vor der Deportation wurde mit den Kindern ein Theaterstück, *Das Postamt* von Rabindranath Tagore, aufgeführt. Das Erarbeiten des Stückes sollte die Kinder beschäftigen und ablenken; andererseits spielten sie ihre eigene Situation, und Korczak wollte sie damit auf das zu erwartende Schicksal vorbereiten.

Igor Newerly, ein junger Mitarbeiter und Freund Korczaks, berichtet über den Abtransport folgendes:

»Am 8. August mußten auch seine Waisenkinder zum sogenannten Umschlagplatz am Danziger Bahnhof. Von dort ging es in den Tod. Das wußte jeder. Zum letzten Mal gingen die zweihundert Kinder in geschlossener Ordnung aus dem Waisenhaus ins Getto durch die Straßen von Warschau. Korczak und seine Mitarbeiterin Frau Stefania Wilszynska … liefen voran.

Ich weiß nicht genau, … wie lange sie warten mußten, bis die Waggons gekommen waren. Nachdem die Schiebetüren dann hinter ihnen geschlossen waren, haben wir nichts mehr in Erfahrung bringen können, nur, daß alle in Treblinka umgebracht wurden … Als die Kinder schon einwaggoniert waren, erfuhr der deutsche Platzkommandant, daß der hagere, alte Mann mit dem kurzen Bart, der die Kinder begleitete, Janusz Korczak hieß. Es fand dann folgendes Gespräch statt:

> »Sie haben den *Bankrott des kleinen Jack* geschrieben?«
> »Ja.«
> »Ein gutes Buch. Ich habe es gelesen, als ich noch klein war. Steigen Sie aus.«
> »Und die Kinder …«
> »Die Kinder fahren. Aber Sie können hierbleiben.«
> »Sie irren sich«, erwiderte Korczak, »nicht jeder ist ein Schuft.« Und er schlug die Waggontür hinter sich zu.

Die Spuren seines Lebens verlieren sich in der grausamen Anonymität der Massendeportation. Doch die Liebe und der Mut dieses ungewöhnlichen Menschen leuchten im Geiste hell in unserer Welt![34]

Michaels Wirken

Von Jahr zu Jahr steigert sich weltweit die Furcht. Wir suchen die Ursachen dafür in den bedrohlichen äußeren Ereignissen, die immer grauenvollere Formen annehmen. Doch an dieser Entwicklung sind auch höhere Mächte beteiligt, die ein Interesse daran haben, im Menschen Furcht zu erzeugen. Es ist das Ziel dieser Widersachermächte, die ganze Menschheit in eine Atmosphäre des Schreckens zu versetzen, um die Kraft des Ich zu schwächen, ja, um sie zu zerstören. Sie wollen verhindern, daß der Christus in das Ich der Menschen Einzug hält, denn sie wissen, daß sein Wiedererscheinen unmittelbar bevorsteht und ihre eigne Zeit nur kurz bemessen ist.

Doch das Feld wird ihnen nicht kampflos überlassen. *Michael*, der Erzengel der Sonne, hat die geistige Führung unseres Zeitalters angetreten, und er ringt um die Zukunft der Menschheit. Die menschenfeindliche Drachenmacht, die sich die jungen Werdekräfte der Erdenmenschen einverleiben will, hat er unter seine Füße gezwungen.

Auch er ruft Erschütterungen in unserer Welt hervor. Doch er tut es, um das Äußere, Materielle, auf das wir uns so stark verlassen, ins Wanken zu bringen und uns den Weg zum Geiste zu bahnen.

In den Tiefen unseres Wesens ruht in uns allen eine unbewußte Verbindung zu Christus. Michael erweckt diese freien Kräfte, aber er zwingt uns nicht, sie im Sinne der göttlichen Weltenziele zu betätigen. Nur seine Hand deutet auf Christus, dessen Antlitz und

Wegbereiter er ist. Er möchte uns dazu führen, die Erlösungstat auf Golgatha erahnen zu lernen und den Christus zu erkennen als die leuchtende Geistessonne im Dunkel der Welt. Er möchte, daß auch wir die Stimme des Wiedererscheinenden vernehmen: »Fürchte dich nicht. Ich bin der Erste und der Letzte und der Lebendige. Ich war tot, dennoch trage ich das Leben der Welt durch alle Äonen. Mein ist der Schlüssel zum Reich des Todes und der Schatten.« (Offb 1,18)

Die Wehen einer Neugeburt

In den letzten Jahren unseres Jahrhunderts kommt weltweit zunehmend eine besondere Stimmung auf: So, wie es jetzt ist, kann es eigentlich nicht weitergehen! Wir sind am Ende mit unserem Wissen und Können. Unsere bisherige Art zu leben und zu schaffen hat uns Probleme gebracht, die so noch niemals da waren und für die es keine Lösungen zu geben scheint. So ziehen Ratlosigkeit und Sorge, Angst und Furcht in die Seelen ein und beunruhigen sie, sei es auch nur unterschwellig.

Eine neue Anschauung und Erkenntnis der Welt wären nötig, ebenso eine neue Methode, mit den Problemen umzugehen. Aber welche wäre das? Voraussetzung dafür müßte doch wohl auch die Wandlung unseres eigenen Wesens sein! Aber sind wir dazu bereit?

All diese Rätsel legen die Frage nahe, ob wir vielleicht in eine neue Entwicklung eingetreten sind, deren

Wesen und Ausmaß wir noch gar nicht kennen? Sollten sich uns durch sie ganz andere Räume und Dimensionen erschließen als z.B. diejenigen, welche der Beginn des Atomzeitalters im Äußeren aufgerissen hat?

Regelmäßige Werdephasen

Daß jede Entwicklungsphase Nöte und Schmerzen bringt, wissen wir aus dem Erleben der *regulären Werdeschritte* in unserer Biographie. Jede Geburt vollzieht sich unter Schmerzen und entläßt das Kind in eine unbekannte Welt, die es erst allmählich entdecken und mit der es sich auseinandersetzen muß. Dabei sind Erfahrungen, die wehtun, unvermeidlich. Später, gegen Ende der Kindheit, wenn in uns die eigene Seele erwacht, oder mit etwa 21 Jahren, wenn unser *Ich* geboren wird, stehen wir wiederum vor ganz neuen Erlebnissen, die uns in innere Nöte und Erschütterungen, ja, mitunter bis an den Rand des Todes führen können. Auch die folgenden Stationen unseres Werdens und besonders die Übergänge von einer Lebensphase zur nächsten haben häufig *Schwellencharakter*. In ständigem Ringen müssen wir lernen, uns selbst zu finden, uns zu erziehen und unser Leben in die eigenen Hände zu nehmen. Von der Kindheit bis ins Alter machen wir leibliche, seelische und geistige Entwicklungen durch und erleben in vielen Variationen, daß etwas Neues nie ohne Schmerzen ins Dasein tritt.

Das Gleiche gilt für das Werden der Menschheit, nur

ist eine jede ihrer Entwicklungsphasen etwa dreihundertmal so lang wie eine solche im Leben des Einzelnen. Sie währt jeweils ungefähr 2160 Jahre, das ist die Zeitspanne, in welcher der Frühlingspunkt der Sonne von einem Tierkreiszeichen zum nächsten wandert. Und auch die Menschheit macht bei den Übergängen jedesmal Ängste und Erschütterungen durch.

Überblicken wir den Erdenweg im Ganzen, so gliedert er sich in *drei* große, über viele Jahrtausende reichende Wegstrecken:

Die *erste* liegt noch im Geistbereich. Der Mensch und mit ihm die Erdenwelt lebt im heiligen Lichte und in der Geborgenheit des göttlichen Weltenschoßes.

Darauf folgt eine *zweite*: Mensch und Erde fallen in ein gottfernes Dasein herab. Die Erde wird härter, und die Menschen verbinden sich zunehmend mit der Materie, mit dem »Staube«, wie es das Alte Testament ausdrückt. Sie geraten in Irrtum und Schuld, sie erleiden Schmerzen, Krankheiten und den Tod. Dennoch leben sie noch durch lange Zeiträume in der Erinnerung an die geistigen Licht- und Lebenswelten. Sie werden weiterhin von den himmlischen Mächten geführt und erst nach und nach in die Selbständigkeit entlassen. Sie sollten Verantwortung tragen lernen für ihr Tun und im Abgetrenntsein von ihrem Ursprung die Verbindung zur Gotteswelt aus eigenem Willen suchen.

Die *dritte* Wegstecke ermöglicht den Menschen, wieder hinaufzugelangen in die übersinnlichen Welten. Sie ist nicht einfach der Rückweg in das ursprüngliche Dasein. Durch das Leben in der irdischen Welt konnte der Mensch sich zur Freiheit und zu einer selbständigen Individualität entwickeln, die sich aus Liebe zur Gottheit dem Dienst für die Zukunft zur Verfügung stellt. Eine neue Gemeinschaft von Gottheit und Menschheit bildet sich, ein neues Wirken für den Fortgang der Welt beginnt, und die Mitte aller Schöpfung ist derjenige, der gesprochen hat: »Siehe, Ich mache alles neu.«

Einmalige Werdehilfen

Das finstere Zeitalter

Außer den regelmäßig aufeinanderfolgenden Werdephasen im Leben des einzelnen und der Menschheit gibt es die *unregelmäßigen* Erscheinungen, Einschläge und Schicksale, die nicht mit den regulären Phasen zusammenfallen. Sie haben meist einmaligen Charakter und dienen dazu, die Menschen auf ihre Aufgaben und Entwicklungsschritte vorzubereiten, ihnen eine neue Richtung zu weisen und ihre Kräfte zu stärken. Sie bedienen sich dabei oft der Prüfungen, Leiden und Schmerzen.

Eine dieser einmaligen Erscheinungen war das sogenannte Kali Yuga, das *finstere Zeitalter*. Es begann um 3101 vor Christus, noch ehe die ägyptisch-babylonische Kulturepoche in Erscheinung trat. Für fünftausend Jahre sollte es den Menschen die göttliche Welt verdunkeln, denn dieser allein fühlten sie sich zugehörig, nicht aber der Erdenwelt. Nun brach das finstere Zeitalter wie eine gewaltige Flut über die Menschen herein. Viele gingen zugrunde. Dadurch, daß die Geisteswelt sich für die Menschen verhüllte, sollte sich ihr Blick der Erdenwelt zuwenden, sie entdecken, in ihr leben und arbeiten, an ihr erwachen und sich immer tiefer in die eigene Leiblichkeit einleben lernen.

Nur in den Mysterienstätten vermochten die Eingeweihten noch in das Licht der göttlichen Welten vorzudringen. Doch dieser Weg führte durch harte Schulungen, durch schwere Prüfungen und Schrecken bis in die Bereiche der Unterwelt und in den mystischen Tod. Als ein Verwandelter kehrte der Schüler zurück, nachdem ihn der Hierophant nach drei Tagen aus dem Todesschlaf erweckt hatte. Er brachte die Kunde von der Geistwelt mit, in der er während der drei Tage leibbefreit gewandelt war.

In den letzten Jahrhunderten vor der Zeitenwende konnten auf diesen Wegen selbst die Auserwählten nicht mehr in die geistigen Bereiche gelangen. Das göttliche Wesen, das sie erreichen wollten, fanden sie dort nicht mehr. Eine neue Weltenstunde nahte.

Die drei Erdenjahre Christi

In der griechisch-lateinischen Kulturepoche, die auf die ägyptisch-babylonische folgte, waren die Menschen für die Erde erwacht:

Mit seinen Sinnen nahm der Grieche die Schönheit der Welt und das Wunder des menschlichen Leibes wahr. Frei standen überall die herrlichen Tempel in der

Landschaft, der Mensch konnte um sie herumgehen und sie von allen Seiten betrachten. Die Harmonie dieser Bauwerke offenbarte das rechte Maß, die rechten Verhältnisse der Einzelteile zum Ganzen, obwohl sie bei jedem Tempel etwas anders waren. Die Künstler schufen wunderbare Plastiken, Gestalten, deren Glieder frei beweglich und doch in sich ruhend erschienen. Aphrodite, die Göttin der Schönheit, war ans Land gestiegen. Und die Gestalt des Wagenlenkers offenbarte die aufrechte Kraft und Gelassenheit, mit der er die Zügel fest in seinen Händen hielt. Leuchtende Ideen empfing der Grieche aus den Höhen. Denkend suchte er die Welt zu begreifen.

Ganz anders der Römer: Erdentüchtig und willensstark eroberte er das gesamte Mittelmeergebiet und gründete den Staat, in dem römische Macht und römisches Recht bis in die fernsten Provinzen Geltung hatte. Auf den neu erbauten Straßen ertönte der Marschschritt seiner Legionen. Und der gewaltige Triumphbogen auf dem Forum Romanum, durch den der Sieger Einzug in seine Stadt hielt, kündete von der Weltmacht Roms.

In dieser Kulturepoche, etwa im Beginn ihres zweiten Drittels, ereignete sich abermals ein Einmaliges, ein Unwiederholbares: der Sohn des höchsten Gottes hielt Einzug in den Leib eines Erdenmenschen. Er kam nicht als eine rein geistig-übersinnliche Wesenheit, sondern unseren Sinnen sichtbar! Die Jünger, die Frauen, die Menschen, die ihm begegneten, schauten sein Antlitz, seine Hände, seine Gestalt, seine wunderbaren Taten. Sie hörten seine Stimme, seine Worte. In diesen Worten aber tat sich die Schöpfermacht des Geistes kund, und in seinen Taten wirkte die Aufrichtekraft, ja, die Auferstehungskraft des göttlichen ICH BIN.

Er war gekommen, mitten in dem finsteren Zeitalter, um den Menschen die Gotteswelt wieder nahezubringen, wenn sie sich ihr zuwenden wollten. Er war gekommen, um den Menschen ihr wahres himmlisches Ich heranzuführen, wenn sie sich ihm öffnen wollten. Er war gekommen, um ihnen Wege zu weisen zur Wahrheit und zur Freiheit und ihnen die Kraft zu verleihen, ein neues Leben zu beginnen, wenn sie bereit waren, ihm nachzufolgen!

Nachdem er am Karfreitag den Kreuzestod erlitten hatte und ins Grab gelegt worden war, kamen in der Morgenfrühe des Sonntags die Frauen, so berichtet der Evangelist Lukas, um seinen Leichnam zu salben. In der geöffneten Grabeskammer nahmen sie zwei Männer wahr, deren Gewänder von lauter Blitzen leuchteten, und sie hörten die Worte: »Warum sucht ihr den Lebendigen bei den Toten? ... Erinnert euch an die Worte, die er in Galiläa sprach ... Und sie erinnerten sich ...«

Sie waren ja selber wie Grabeskammern, in denen die Worte und das Wesen Christi gestorben und begraben lagen. Nun aber, angesichts der Geistesboten und durch die Kraft der Auferstehung, die sie wie ein geistiger Frühlingssturm durchbrauste, wurde auch in ihrem Innern das Erstorbene zu neuem Leben erweckt. Es wurde »erinnert«, es wurde zu einer Art Okular, das sie fähig machte, Geistiges zu schauen.

So nahmen die Seinen in den vierzig Tagen bis zu

Christi Himmelfahrt den Auferstandenen immer wieder wahr, wenn er in ihrer Mitte erschien. Er teilte mit ihnen das Mahl, und er erschloß ihnen die heiligen Schriften und ebenso ihr Erleben während seiner drei Erdenjahre. Sie lernten seinen Weg und sein Wirken *erkennen*. Alle Furcht war von ihnen gewichen.

Nachdem er zu Pfingsten seinen heiligen Geist in ihre Geister und Herzen gesandt hatte, zogen sie aus, um aller Welt die neue Gottesbotschaft zu verkündigen. Sie spürten dabei seine Gegenwart, sie empfingen seine Weisungen, und sie schauten ihn im Sakrament, in Brot und Wein. Daß er einst wiederkommen werde, hatte er ihnen verheißen.

Wiederkunft als Geburtsvorgang

Auf die *Wiederkunft Christi* in der leuchtenden Gestalt des Menschensohnes wartet seitdem die Christenheit. Im Urchristentum wurde dieses Wiedererscheinen von vielen bereits in der nahen Zukunft erhofft, obwohl der Meister den Jüngern gesagt hatte: »Von jenem Tage und der Stunde weiß niemand, weder die Engel in den Himmeln noch der Sohn, sondern nur mein Vater allein.« (Mt 24,36) Dieses gewaltige Ereignis läßt sich nicht auf einen bestimmten Zeit-Punkt festlegen. »Er kommt zu den individuellen Zeiten«, schreibt Paulus an Timotheus (1Tim 6,14). Die *Zeit* seines Kommens hat eine ganz andere Qualität und Dimension als unsere Erdenzeit. Wir Heutigen können uns das nur schwer vorstellen. Sein Kommen wird uns, mitten in unserer Erdenzeit, etwas erfahren lassen von jenem überzeitlichen Dasein im Reiche des Geistes.

Das Ereignis der Wiederkunft ist ein schmerzvoller Geburtsvorgang: »Ihr werdet Kriegsgetümmel und Kriegsgeschrei vernehmen; sehet zu, daß es euch dann nicht an innerem Mut gebricht. Es ist notwendig, daß das alles geschieht ... Ein Teil der Menschheit wird sich gegen den anderen, ein Reich gegen das andere erheben. Überall werden Hungersnöte und Erdbeben ausbrechen. Und doch sind das nur die *ersten Geburtswehen der neuen Welt*«, antwortet der Christus den Jüngern auf ihre Frage, an welchen Zeichen sie seine Geistesankunft erkennen können.

Er spricht von den Verfolgungen, welche die Seinen zu erleiden haben werden, vom zunehmenden Haß, von Lüge, Irreführung und Haltloswerden, vom Anwachsen des Chaos und vom Erkalten der Liebesfähigkeit der Menschen. Sind das nicht alles unsere gegenwärtigen Erlebnisse?

Die Wehen einer Geburt erträgt die Frau mit Geduld, denn sie weiß, daß am Ende ein neuer Mensch das Licht der Welt erblicken wird. Doch die Menschheit, die solche Wehen erleidet, kann sie ihnen standhalten, ohne in Schrecken und Verzweiflung zu geraten, wenn sie den *Sinn* der furchtbaren Geschehnisse nicht entdecken kann?

Wir könnten auch sagen: Die ganze Menschheit steht an der Schwelle einer ihr unbekannten Welt, herangeführt oder auseinandergerissen durch Katastrophen und erschütternde Schicksale, unlösbare Probleme oder das Grauen vor der überdimensionalen Intelligenz und Gewalt der Widersachermächte.

Einst wurden einzelne Menschen von den Mysterienstätten ausgewählt, um sie in die Geheimnisse des Daseins und der Geisteswelt einzuweihen. Hinter Tempelmauern verborgen wurden die Schüler auf die gewaltigen Offenbarungen vorbereitet, indem sie durch Furcht und Todesangst hindurchgehen mußten.

Heute will sich die Gotteswelt allen Menschen neu offenbaren durch das Kommen des Menschensohnes. Die ganze Erde ist nun der Schauplatz der Prüfungen, Leiden und Bedrängnisse geworden, welche die Menschheit vorbereiten sollen. Ebenso machen die Einzelnen Schicksalseinweihungen durch, die sie für besondere Aufgaben vorbereiten und reif werden lassen.

Durch den heute nicht seltenen gemeinsamen Tod bilden sich Schicksalgemeinschaften. Menschen, die sich vorher vielleicht gar nicht kannten, werden durch Unfälle oder Katastrophen plötzlich miteinander über die Todesschwelle geführt. Auf diese Weise mögen sie für künftige gemeinsame Aufgaben erwählt und vorbereitet werden. Die jüngeren unter ihnen bringen durch ihren frühen Tod noch unverbrauchte Lebenskräfte mit, die ihnen im neuen Erdenleben zusätzlich zur Verfügung stehen werden und sie daher zu größeren, umfassenderen Taten im Sinne des Menschheitsfortganges befähigen können.

Das Aufnehmen neuer Lebenskräfte

Mit dem Ende des 19. Jahrhunderts endete auch das Kali Yuga, das *finstere Zeitalter*, und die dritte große Wegstrecke der Menschheit begann. Damit hängen Veränderungen im Gefüge der Wesensglieder zusammen, auf die Rudolf Steiner hingewiesen hat. Es stellen sich in unserem Jahrhundert von Natur aus *Lockerungen des menschlichen Ätherleibes* ein, bei einigen stärker, bei anderen zunächst weniger. Der Äther- oder Lebensleib (Rudolf Steiner nennt ihn auch Bildekräfteleib) durchdringt den physischen Leib, plastiziert an ihm und ermöglicht Aufbau, Wachstum und Fortpflanzung.

In der Frühzeit des Menschenwerdens ragte der Ätherleib noch weit über den physischen Leib hinaus. Er war nur zu einem Teil in den Erdenleib eingezogen, das Übrige war noch verbunden mit dem Leben der göttlich-geistigen Welt. Daher konnte der Mensch manches aus ihrem Bereich wahrnehmen, er hörte die göttliche Stimme, er schaute die Lichtgestalten der Engel und die Elementarwesen in der Natur.

Allmählich verband sich jedoch der Ätherleib inniger mit dem Erdenleib; endlich zog er ganz in ihn ein, tauchte gleichsam darin unter. So verblaßte die Wahrnehmung übersinnlicher Wesen mehr und mehr. Schließlich entschwand die geistige Welt den Blicken der Menschen ganz, während die irdische immer klarer und deutlicher in seinem Gesichtskreis auftauchte.

Nun ist die Zeit gekommen, wo die umgekehrte Entwicklung beginnt und der Ätherleib sich nach und nach wieder aus dem menschlichen Erdenleib herauslockert. Es treten damit allerdings nicht automatisch die geistigen Wahrnehmungen der Frühzeit wieder auf.

Daß die schicksalführenden Mächte den einzelnen und die Menschheit in mannigfacher Weise auf die Wiederkunft Christi vorbereiten, ist noch nicht das Ganze. Sie rechnen heute auf die *bewußte Mitwirkung des einzelnen*. Rudolf Steiner schildert diese Aufgabe im Zusammenhang mit dem Herausrücken des Ätherleibes:

Der Ätherleib »wird ja in Zukunft *herausgeboren* aus dem physischen Leibe. Gibt ihm der menschliche physische Leib nichts mit, dann ist er *leer*, dann ist er öde.«[35] Diese wachsende Leere wird von vielen Menschen empfunden, allerdings nicht als Leere, sondern als Unruhe, Nervosität oder Angst. Es beginnt etwas abzusterben im Bereich der Lebenskräfte. Die Offenbarung des Johannes spricht von der Möglichkeit, daß diese Sterbeprozesse fortschreiten und zum *zweiten Tod*, dem seelisch-geistigen Tode, führen können, wenn der Mensch nicht erwacht und das wahre Leben sucht.

Was können wir, als die im Erdenleibe Lebenden, dem Ätherleibe mitgeben, damit er nicht leer bleibt, wenn er aus dem physischen Leibe herausgerückt wird? Können wir durch unsere *Sinne* etwas aufnehmen und dem Ätherleib einprägen, was er dann als *Unvergängliches* in sich trägt? Das Ich des Menschen lebt intensiv in der Wahrnehmung. Nur dasjenige, was wir selber durch unsere Sinne bewußt in uns aufgenommen haben, kann durch unser Ich dem Ätherleibe als persönliche Erinnerung eingeprägt werden. Wir müßten demnach in unsere Erinnerungen *Geistiges, Ewiges* in einer Weise aufnehmen, wie es den Menschen um die Zeitenwende möglich war, die mit ihren Sinnen den Christus, seine Worte und Taten, in sich aufgenommen haben.

Der heute lebende Mensch hat nicht die persönliche Erinnerung an diese Ereignisse der Zeitenwende, wenn er damals nicht im heiligen Lande gelebt und dem Christus Jesus dort im Leibe Jesu von Nazareth begegnet ist. Und doch ist er nicht benachteiligt gegenüber denen, die in den drei Erdenjahren des Christus mit ihm wandelten. In dreifacher Weise kann auch er unmittelbar Anteil gewinnen an dem wichtigsten Ereignis der gesamten Erdenentwicklung:

Die Worte und Taten des Christus Jesus sind aufgezeichnet worden in den *Evangelien*. Über den Umgang mit diesen Schriften, die nicht als »Augenzeugenberichte« angesehen werden dürfen, schreibt Emil Bock:[36]

»Mit jedem Kapitel führt das Evangelium auf eine höhere, heiligere Stufe der Offenbarung und des Erlebens ... Das Evangelium hat stets den Charakter des Weges, des Pfades in sich. Jedes Stück Evangelium setzt voraus, daß der Mensch, der dies zu verstehen begehrt, innerlich alles Vorangehende wirklich durchgemacht hat. Jede Erzählung hat ihr eigenes Niveau ... Auf ein Verstehen der Auferstehungs-Geschichten kann nur derjenige rechnen, der durch das ganze Evangelium, vor allem zuletzt durch die Passions- und Golgatha-Geschichten so ehrfurchtsvoll hindurchgegangen ist, daß er dadurch schrittweise verwandelt wurde.«

Wer in solcher Weise mit dem Evangelium Umgang pflegt, dem wird es zu einem kostbaren Schatz, den er seinem Wesen tief einprägt und seinen persönlichen Lebenserinnerungen hinzufügt.

Die Erinnerungen an die Worte und Taten des Christus Jesus aber tragen göttlich-geistiges Leben in sich. Sie sind wie Samenkörner, die zum Leben erweckt werden und sich dann zu Sinnesorganen für den Christus entfalten können.

Ein weiteres Anteilgewinnen kann auf folgende Weise geschehen:

Seit seiner Auferstehung und Himmelfahrt hat sich der Christus nicht nur mit der Menschheit, sondern auch mit der Erde auf ewig verbunden. Er hat sie zu seinem Leibe erwählt. Er atmet mit ihren Rhythmen. Seine Lebenssphäre, seine Seelenkräfte hüllen sie ein wie eine geistige Atmosphäre, und er ist überall gegenwärtig, wo Menschen in seinem Namen versammelt sind. Seine Worte und Taten, all seine »Erden-Erinnerungen« sind nun auch der gesamten irdischen Lebenssphäre eingeprägt. Sie leuchten in der Erdenaura und sind zugleich *fortwirkende Tatsachen* in der Menschheitsgeschichte. So sind sie dem Menschen aller Zeiten erreichbar. Sie sind lebendig-gegenwärtig im Kultus, wo das Wesen des Auferstandenen während der Wandlung in Brot und Wein leuchtet und diese Substanzen zu seinem Leibe und Blute werden. In der Kommunion nimmt der Teilnehmende diese unmittelbar in sein eigenes Wesen auf.

Anteil gewinnen können wir ferner durch das Aufnehmen der Anthroposophie. Auf Erkenntniswegen können Menschen allmählich dazu gelangen, die göttlichen Weltengedanken und das Christusereignis in ihrer Wirksamkeit im irdischen Dasein wahrzunehmen und Schritt für Schritt ihr Denken, Fühlen und Wollen zu verwandeln.

»Alles, was der Mensch unternimmt, um in sich das Ewige zu erwecken, tut er, um den Daseinswert der Welt zu erhöhen. Er ist als ein Erkennender nicht ein müßiger Zuschauer des Weltganzen, der sich Bilder von dem macht, was auch ohne ihn da wäre. Seine Erkenntniskraft ist eine höhere, eine schaffende Naturkraft. Was in ihm geistig aufblitzt, ist ein Göttliches, das vorher verzaubert war, und das ohne seine Erkenntnis brach liegen bliebe.«[37]

Der Kommende

Wie der Christus einst in der Sinneswelt für die Menschen erreichbar wurde, während er im Leibe Jesu von Nazareth Wohnung genommen hatte, so beginnt er heute im Geiste zu erscheinen, damit wir ihn nun im Geistbereich der Erde suchen und finden lernen.

In unserem Jahrhundert haben ihn viele in unterschiedlicher Weise bereits wahrgenommen. Die einen so: In höchster Not, unter Qualen und Mißhandlungen war er plötzlich da als der Menschenbruder, als

Helfer und Tröster. Andere erlebten ihn nach dem Überschreiten der Todesschwelle in seiner Lichtgestalt als den großen Liebenden. Wieder andere begegneten ihm so, wie es Saulus, dem späteren Apostel Paulus, vor Damaskus geschah.

Und die Zeit wird kommen, wo er in der Äther-Lebenssphäre der Erde in der Glorie seiner Geistgestalt mehreren Menschen zugleich und endlich allen Erdenmenschen erscheinen wird.

Es kommt heute alles darauf an, daß wir die Verbindung zu dem Christus suchen und sein Wesen und seine Liebes-Opfertat in ihrer geistigen Realität erkennen lernen. Dann werden wir sein Wiedererscheinen bewußt erleben können und nicht nur die erschütternden, furchterregenden Begleiterscheinungen in der äußeren Welt und die Sterbeprozesse unseres eigenen gelockerten, aber leer gebliebenen Ätherleibes.

Es muß in unseren Tagen mehr denn je darum gerungen werden, die Angst zu überwinden und die Furcht zu verwandeln, damit diese uns nicht fesseln, sondern damit unsere Sinne, unsere Seele und unser Geist frei und offen sich dem Zukünftigen zuwenden und dem Kommenden den Weg bereiten helfen.

»Es ist der inbrünstigste Wunsch von uns allen, mitgehen zu dürfen mit den Wegen, die das Christentum selber geht in unserer Zeit. Denn auch der Christus steht nicht still. Das heißt aber, daß wir mit dem Christus in die Feuerzone des Entscheidungskampfes eintreten wollen.« (Emil Bock)[38] Die Tore der Hölle stehen offen, und die Mächte des Bösen wirken in der Menschheit in einem solch gesteigerten Maße, daß auch die überzeugtesten Materialisten wieder an den Teufel zu glauben beginnen. Aber auch die Tore der lichtvollen Geistwelt sind geöffnet, und die Menschen müssen nur erkennen, daß alles Unheil, alles Unglück wie der finstere Schattenwurf des Lichtes einer neuen Christusoffenbarung ist: »Die unteren Tore hätten sich in unserem Jahrhundert nicht geöffnet, wären nicht auch über unseren Häuptern Tore aufgesprungen. Daß die Tore des Abgrundes sich öffnen, daß da Sphären zugänglich werden, die dem menschlichen Zugriff vorher nicht erreichbar waren, ist nur das Gegenbild dessen, was über den Häuptern der Menschen geschieht ... er [der Mensch] ist umkämpft von den Gewalten, die von oben wartend auf ihn schauen, und von denen, die von unten nach ihm greifen ... Die Tradition wußte immer: Bevor der Christus wiederkommt, offenbart sich auf besondere Weise der Antichrist. Der Christus kommt nicht in einem Zeitalter der Windstille des paradiesischen Friedens, sondern bei Sturm und Gewitter.«

Und die Offenbarung des Johannes (1,7-8):

»Siehe, er kommt im Wolkensein. Alle Augen sollen ihn schauen, auch die Augen derer, die ihn durchstochen haben. Alle Geschlechterfolgen auf der Erde werden wehklagen um ihn. Ja. Amen.

Ich bin das Alpha und das Omega,
so spricht der Herr, unser Gott,
der ist und der war und der kommt,
der Gebieter des Alls.«

Vom Geheimnis des Abgrundes

Über einem ungeheuren unbekannten Abgrund zieht die Erde ihre Bahn um die Sonne. Nicht nur unter ihr, sondern rings um sie her dehnt sich die unfaßbare Weite des Weltraumes. Uns Menschen im Zeitalter der Naturwissenschaft ist diese Tatsache bekannt, wenngleich sie weit über das hinausgeht, was ein Mensch sich vorzustellen in der Lage ist. Doch wir fürchten nicht, daß die Erde plötzlich aus dem Kraftfeld der Sonne herausgeschleudert werden könnte und wir mit ihr in die Tiefe stürzen müßten. Wir vertrauen darauf, daß sie uns auch weiterhin trägt. Die Menschheit kann allerdings durch die zunehmende Entfesselung der gewaltigen untersinnlichen Zerstörungskräfte ihren Tod beschleunigen.

Im Vergleich zu den Ausdehnungen im Weltall können uns Erdbewohnern schon ganz geringe Tiefen unheimlich sein. Dennoch gibt es nicht wenige, die durch intensives Üben gelernt haben, sich nahezu furchtlos über Abgründen zu bewegen: Astronauten, Piloten, Fallschirmspringer, Akrobaten unter der Kuppel des Zirkuszeltes oder, wie es Hölderlin in einem Gedicht ausspricht:[39]

… und furchtlos gehn
Die Söhne der Alpen über den Abgrund weg
Auf leicht gebaueten Brücken …

Der heutige Mensch liebt sogar ein solches Spiel mit dem Abgründigen in der äußeren Welt.

Abgründe der Menschenseele

Ganz anders ergeht es vielen mit der Seelenwelt. Angst überkommt uns, wenn wir ihre dunklen, unbekannten Tiefen spüren, wenn die Rätsel des Daseins unser Inneres beunruhigen und quälen, wenn plötzlich die Abgründe der Menschenseele aufbrechen – die der eigenen oder die anderer –, und wenn wir immer wieder mit der furchtbaren Tatsache des Todes konfrontiert werden.

In dem nachstehenden Gedicht beschreibt Robert Hamerling das Erleben der Menschenseele in der unmittelbaren Begegnung mit dem Tode. Sie fühlt sich am Rande des Abgrundes, in dessen unergründliche Tiefen sie zu versinken glaubt. Nicht selten aber wird heute von vielen Entsprechendes erlebt gegenüber dem irdischen Leben! Auch dieses erscheint ihnen als ein Abgrund, in dem sie keinen Halt, keinen Boden unter den Füßen finden und der sie zu verschlingen droht.

Es besteht allerdings ein Unterschied: Das Gewahrwerden »des unendlichen Äthers des Lebens, der uns trägt«, erfolgt im Tode unmittelbar, während er im Leben den Sinnen der Menschen meist verborgen bleibt.

Der Tod wirft uns aus dieser Welt hinaus,
wie Vogeleltern aus dem Nest die Jungen.
Zitternd blickt von des Nestes Rand,
das seine Welt ist,
der scheue Nestling
hinab in den Abgrund.
Jedes Schwungfederchen
an seinen Fittichen,
jedes Flaumfederchen
an seinem Halse,
an seiner weichen Brust
streubt sich vor Angst.
Ein Stoß - die Sinne schwinden ihm –
er stürzt –
er meint zu vergehen –
aber seine Schwingen wissen es besser:
Ausbreiten sie sich,
und über sein eigenes Flattern und Schweben
erstaunt der Beflügelte.
Er fühlt sich getragen vom Äther,
und seine Brust weitet sich.
Und krächzend vor Lust
stürzt er ans Herz der Unendlichkeit.
So wir
am Rande des Abgrunds!
Was zittern wir?
Der unendliche Äther des Lebens,
der uns trägt,
ist überall
und jede Seele geflügelt.

Robert Hamerling (1830-1889)

Diese Flügel der Seele sind eine himmlische Mitgift. Im Tode wird der Mensch ihrer gewahr, wie Hamerling es beschreibt. Das irdische Leben aber ist eine Herausforderung, diese Flügel entfalten zu lernen und die freie Beweglichkeit zwischen oben und unten ständig neu zu erüben. Solange der Mensch »im warmen Nest« lebt, kommt er nicht in die Lage, aktiv zu werden und von ihnen Gebrauch zu machen. Doch wie einst für die Menschheit mit dem Verlust des Paradieses, so kommt für jeden einzelnen einmal der Augenblick, wo er aus der Geborgenheit herausfällt und auch herausfallen *muß*, um auf die eigenen Möglichkeiten und Kräfte gestoßen zu werden. Oder anders gesagt: um über das kleine, in sich selbst befangene Leben hinauszuwachsen und einzutauchen in ein größeres Ganzes.

Versuchungen

Gerade hier aber setzen die Widersachermächte an. Die einen, die »luziferischen« Verführer, möchten den Menschen von der Erde fernhalten. Die Flügelkraft seiner Seele soll ihn davor bewahren, die Nöte und Leiden der Erde kennenzulernen, sie soll ihm vielmehr dazu dienen, den Finsternissen und Abgründen des Daseins zu entrinnen und sich nur auf den Höhen des Lebens zu bewegen.

Die anderen, die »ahrimanischen« Widersachermächte, wollen den Menschen an die Erde fesseln. Seine Intelligenz soll sich nur innerhalb der materiellen, sinnlichen und untersinnlichen Kräfte betätigen, seine Seele nur mit der niederen Natur sich verbinden. Kalter Egoismus sucht sich dann an den irdischen Schätzen zu bereichern und zerstörende Kräfte zu entfesseln, um Macht über andere auszuüben. Dadurch wird zugleich Angst erzeugt, und die Flügel der Seele verkümmern.

Gegen Ende der großen Faust-Dichtung Goethes[40] holt sich Mephisto Helfershelfer aus dem Reich der Hölle, um sich die Seele Fausts, der soeben sein Leben ausgehaucht hat, nicht entwischen zu lassen. So befiehlt er der einen teuflischen Gruppe:

Hier unten lauert, ob's wie Phosphor gleißt:
Das ist das Seelchen, Psyche mit den Flügeln,
Die rupft ihr aus, so ist's ein garstiger Wurm …

Heute warten die Widersachermächte nicht bis zum Tode des Menschen, sondern sie versuchen schon während seines Erdenlebens, der Seele die Flügel auszureißen.

Noch eine dritte Versuchung tritt an uns heran. Sie hängt mit unserem innersten Wesenskern zusammen. Leiden, die kaum noch zu ertragen sind, Verluste, die uns »bis ins Mark« treffen, Angriffe des Bösen, die unser Ich zerstören wollen, können uns so lähmen, daß wir uns gar nicht mehr aufschwingen *wollen* und in die Tiefe sinken, ohne sie jedoch erreichen oder erfassen zu können, ohne auch nur den Versuch zu machen, nach ihrem Sinn zu fragen.

Und doch ist es von entscheidender Bedeutung für uns, in diese Tiefen der Erdenwelt zu gelangen. Die *Mysterien des Abgrundes* offenbaren sich erst dort, wo plötzlich in all dem, was uns zugrunderichtet, was uns in Verzweiflung und Todesnot stürzt, das nie Erwartete, das total andere eintritt: wo der »Spiegel« zerbricht, wo der Schleier zerreißt, wo auf einmal die *Innenseite* der Welt sichtbar wird und uns ihre Realität einleuchtet, so paradox das dem irdischen Verstand auch erscheinen mag. Da wird durch die Todeskraft des Menschen-Ich der Geist geboren, und das wahre Leben beginnt.

In den Mysterien der vorchristlichen Zeit erlebten das einzelne, Auserwählte in der Verborgenheit der Tempel. Seit der Zeitenwende ist es als offenbares Geheimnis allen Menschen zugedacht, und die frühe Christenheit war sich dessen bewußt.

Die Gemeinde von Rom versammelte sich in den Katakomben, den unterirdischen Begräbnisstätten. Dort »fühlten sie sich in den Schoß der Erde versenkt als Same einer kommenden Welt«.[41] Umbrandet von den Wogen des Cäsarenhasses, ständig vom Märtyrertode bedroht, feierten sie in der Unterwelt das Sakrament des Mahles mit dem Auferstandenen. Kunstwerke von unerhörter Aussagekraft wurden dort geschaffen: Christus als der gute Hirte, Brot und Fisch als Menschheitsspeise, Betende mit erhobenen Händen, Christus als der Hierophant, der Lazarus aus dem Grabe herausruft; aber auch die Gestalten des Alten Testaments, welche die Tiefen durchmessen hatten: Noah in der Arche, die drei Männer im Feuerofen, Daniel in der Löwengrube, Jona, der drei Tage und Nächte im Leibe des Fisches war. Zeichenhaft wurde durch ihn der Weg des Christus durch die Tiefen der Todeswelt vorherverkündet.

Uns Heutigen hat der Prophet Jona manches zu sagen. An ihn war das Wort des Herrn ergangen, der Stadt Ninive den Untergang anzukündigen, wenn die Bewohner ihren Sinn nicht wandeln würden. Ninive war die Hauptstadt des mächtigen Assyrerreiches, vor dem der ganze vordere Orient zitterte.

Das Reich Israel, in dem David und Salomo als kraftvolle Könige regiert hatten, zerfiel nach Salomos Tode in das Nordreich Israel, das zehn Stämme des Volkes umfaßte, und in das kleine Südreich Juda, in welchem zwei Stämme vereinigt waren. Für das Nordreich kam das Ende etwa 722 vor Christus. Die Assyrer überwältigten es und deportierten im Verlauf weniger Jahre fast seine gesamte Bevölkerung. Etwa zwanzig Jahre vor diesen Ereignissen wirkte Jona als Prophet in Israel.

Dem göttlichen Auftrag, nach Ninive zu gehen, war er nicht gewachsen. Sollte er sich in die Höhle des Löwen begeben? Sollte er im Namen Gottes einem Volke predigen, das ganz andere Götter anbetete? Sollte er als Angehöriger eines kleinen Königreiches den Riesen Assur herausfordern? – Jona beschloß, vor dem Herrn und seinem Auftrag zu fliehen und bestieg ein Schiff, das nach Spanien segeln wollte. Doch das Schicksal holte ihn ein. Furchtbare Stürme und Unwetter brachten das Schiff dem Untergang nahe.

Jona erkannte, daß er schuldig geworden war und ließ sich ins Meer werfen. Wie ein riesiger Fisch verschlang ihn die Tiefe. Was ihm im einzelnen widerfuhr, wissen wir nicht. Aber wer kennt nicht ähnliche Erfahrungen? Der Mensch fühlt sich verstoßen, der Finsternis und dem Verderben preisgegeben, einsam, verlassen von Gott und den Menschen, die Wogen des Leides schlagen über seinem Haupte zusammen, und was ihm lieb und teuer, was ihm heilig ist – niemals wird er es wiedersehen …

Doch in der tiefsten Verzweiflung und Ausweglosigkeit zerreißt plötzlich der Vorhang, und Jona steht vor dem Herrn:

Aus dem Schoß der Unterwelt schrie ich,
DU hörtest meine Stimme.

Indem Jona dem Herrn begegnet und sich von neuem ihm anvertraut, findet er auch wieder zu sich selbst.

Ich war hinabgefahren in die Erde,
ihre Riegel schlossen sich hinter mir auf ewig;
da zogest DU mein Leben empor aus der Grube,
o Herr, mein Gott.
Als meine Seele in mir verzagte,
gedachte ich des Herrn,
und mein Gebet drang zu DIR
in Deinen Heiligen Tempel.

(aus Jona 2)

Jona ist bereits gerettet, lange bevor er auch die äußere Rettung erlebt. Er ist ein anderer geworden, der willens ist, den Auftrag des Herrn zu erfüllen. Zum zweiten Mal wird er nach Ninive gesandt. Nun aber hat er in der Tiefe eine solche Vollmacht des Wortes errungen, daß die ganze Stadt die Sinneswandlung vollzieht und nicht untergeht. – Jona ist durch eine Schicksalseinweihung gegangen, wie sie in der nachchristlichen Zeit viele Menschen erfahren sollten.

Aufstieg im Abstieg

Größeres leuchtet im Schicksal des Jona auf: Zu den Pharisäern, die einen Beweis seiner göttlichen Sendung fordern, sagt der Christus Jesus:

»Wie Jona drei Tage und drei Nächte im Innern des Fisches war, so wird der Sohn des Menschen drei Tage und drei Nächte im Herzen der Erde sein.« (Mt 12,40)

Für den natürlichen Menschen sind Fortschritt und Erfolg immer verbunden mit *Aufstieg*, niemals mit Abstieg. Darum versteht er den Weg des Christus so schwer oder gar nicht. Denn dieser steigt aus den Sonnenhöhen der göttlichen Welt herab in die Tiefen. Seine göttliche Gestalt opfert er hin und zieht ein in den Leib eines Menschen, nimmt irdische Gesetzmäßigkeiten auf sich. Den Leib Jesu durchdringt und verwandelt er bis hinab in seine tiefsten Bereiche. Im Mahl am Gründonnerstagabend gibt er sein eigenes Leben für die Seinen dahin in Brot und Wein. Am Kreuz auf Golgatha stirbt er für das Heil der Menschen als einer, der »unter die Übeltäter gerechnet« wurde, wie es bereits Jesaja (Jes 53) verkündet hatte.

Noch tiefer steigt er hinab, auch der Erde gibt er sein Leben hin, auch sie empfängt die Kommunion: Vom Kreuz rinnt sein heiliges Blut herab, das gänzlich durchglüht ist von seiner Liebeskraft. Die Erde empfängt es. Sein heiliger Leib wird ins Grab gelegt, und der Stoff dieses Leibes, von der Macht des Weltenschöpferwortes vollständig verwandelt, sinkt als Asche in die Erdentiefen.

Er aber ringt mit dem Tode um die Geistgestalt des Menschen und dringt noch tiefer hinunter bis dorthin, wo das Herz der Erde schlägt und ihn empfängt. Und er nimmt es in das seine auf. Sein Herz wird *das Herz der Erde*. Hier strömt seitdem alles zusammen, was auf Erden geschieht, und von hier aus strömt allem, was auf Erden lebt, seine Liebe und sein Leben zu.

Mit dem Ostermorgen beginnt ein Aufstieg sondergleichen, wie es ihn niemals zuvor gegeben hat. Doch es ist ein *Aufstieg*, der den Abstieg nicht beendet, sondern einschließt.

Christus hat den Tod überwunden und erscheint den Seinen vierzig Tage in dem neuen, unverweslichen Menschenleib als der Auferstandene. Dann wächst er empor in die Höhen und Weiten der Welt, doch die Erde wird sein Leib, und er wird der Geist der Erde. Das bedeutet, daß er bei uns bleibt bis ans Ende des Erdenäons, daß er das Erdenwesen den himmlischen

Höhen einverleibt und das Irdische mit dem Himmlischen durchdringt und verklärt.

Es bedeutet aber auch, daß er ein zweites Mal den »Erdenleib« ergriffen hat und in ihn eingezogen ist – nun aber in einen Leib von planetarischer Größe. Ein zweites Mal ringt er mit Leid, Gottesferne und Tod, denn der Erdenleib ist sterblich, so wie es auch der Leib jedes einzelnen Menschen ist. Das bedeutet, daß die Passion fortdauern wird!

Um die Zeitenwende marterten die Menschen den Leib Jesu und schlugen ihn ans Kreuz. Heute martert die Menschheit die Erde als den Leib Christi, sie quält und zerstört ihn. Und wie die Soldaten einst seine Gewänder unter sich teilten, so beuten wir heute die Erde aus, streiten uns um ihre Schätze und »wissen nicht, was wir tun.«

Verwandlung der Erde

Den Leib Jesu hat der Christus mit der Hilfe des Vatergottes in den Auferstehungsleib verwandelt.

Den Leib der Erde will er zusammen mit uns Menschen verwandeln. Jeder, der mit ihm wandelt und sich im Sakrament mit ihm verbindet, wird ein Glied an seinem Leibe. Ein unbekannter Dichter spricht es am Ende seines Gedichtes »Sakrament« so aus:

Zum Tempel wird dein Leib, der Christus birgt.
Er ist das Leben, der das Leben wirkt.
Er wandelt den, der gläubig Ihn genießt.

Du bist derselbe nicht, der vordem war,
Das Zeichen trägst du jener stillen Schar,
Die sich zu Seinem Leib zusammenschließt.

Mit der Kraft des Christus die Erde zu verwandeln, das ist die große Zukunftsaufgabe für den einzelnen, für die Völker und die Menschheit. Doch wer versteht sie? Wer ist willens, sie zu ergreifen? Wie einst Jona, so suchen auch heute viele dieser Aufgabe zu entfliehen, bewußt oder unbewußt. Sie scheint zu schwer zu sein. Lieber wollen wir festhalten als hingeben; lieber wollen wir genießen als opfern! Doch das Schicksal holt uns ein. Das 20. Jahrhundert hat in Untergänge und Abgründe nie gekannten Ausmaßes geführt, es hat uns den Tod und die Gewalt des Bösen in furchtbarer Weise erfahren lassen.

Gern möchte man sich auf eine friedliche Insel retten oder wenigstens die Katastrophen nur als Zuschauer mit dem beruhigenden Gefühl erleben: »Zum Glück nicht bei uns!« Aus solcher Gesinnung heraus läßt Goethe einen der Bürger beim Osterspaziergang sagen:

Nichts Besseres weiß ich mir an Sonn- und Feiertagen,
als ein Gespräch von Krieg und Kriegsgeschrei,
wenn hinten, weit in der Türkei
die Völker aufeinanderschlagen …[42]

Heute sind wir alle betroffen von dem, was irgendwo in der Welt geschieht, denn wir sitzen alle »im gleichen Boot«, wir sind alle Bewohner der einen Erde, und sie ist *sein Leib*!

So werden wir auch alle in die Tiefen und Abgründe geführt. Doch warum muß das sein? Wem hätte diese Frage noch niemals im Herzen gebrannt?

Die Erde ist um des Menschen willen und mit ihm zusammen entstanden. Als dieser noch in der Schönheit und Größe seines himmlischen Ursprungs leuchtete, da leuchtete auch die Erde. Als er aber das Paradies verlassen mußte und herabsank in Finsternis und Schuld, in Gottesferne und Tod, riß er sie mit in die Tiefe. Sie leidet mit ihm und durch ihn. Doch das alles hat der Mensch längst vergessen. Er kennt das wahre Wesen der Erde nicht. Er lebt an der Oberfläche, »oberflächlich«, er lebt nur im Äußeren.

Gerät er aber in die Untiefen des Daseins, wo er meint, ins Bodenlose zu versinken, dann kann es ihm, wenn er dem Ende gefaßt ins Auge sieht, geschehen, daß das Vordergründige auf einmal weicht. Er steht plötzlich in Furcht und dennoch befreit vor dem Christus, dem Geist der Erde. Dieser ist es, der alle Leiden und Schmerzen der Welt in seinem Herzen trägt, der auch den Abgrund in sich birgt und mit dem goldenen Licht seiner Liebe erfüllt. Da lernt der Mensch beten, da kehrt er als ein anderer in den Erdentag zurück und ergreift seine irdischen Aufgaben neu.

Heimholung

Noch eine andere Erfahrung wollen die Tiefen uns vermitteln. Wir lassen uns sehr schnell hinreißen, mitreißen, verlieren oder überheben uns, und unser Bewußtsein trübt sich. Geraten wir jedoch in Angst und Verzweiflung, in Not und Schmerzen, dann werden wir wie zusammengepreßt. Wir kommen dadurch zu uns selbst und werden uns unserer Ohnmacht bewußt. Unsere eigenen Kräfte sind am Ende, sie könnten unseren Untergang nicht verhindern. Doch in jedem Ende ist ein neuer Anfang verborgen! Wir gewahren plötzlich, daß unser eigenes höheres Wesen, unser wahres Ich, uns umgibt und in unserem Erden-Ich zart aufzuleuchten beginnt.

Nun finden wir erst wahrhaft uns selbst und zugleich den Christus. Unser Herz begreift: daß wir Menschen in die Tiefen geführt werden, bedeutet niemals Strafe, sondern immer Heim-Suchung, Heim-Holung! Der Abgrund des Menschenwesens und der Erde ist der Schoß, der das göttliche Ich empfängt und aus dem der neue Mensch geboren wird.

Kampf um die Zukunft

Um die Zukunft des Menschen und der Erde wird von jeher gerungen. Nun aber ist, beginnend im 19. Jahrhundert und sich immerfort steigernd, ein so erbitterter Geisteskampf entbrannt, wie es ihn noch niemals gegeben hat.

Die Entdeckung der Elektrizität, die unaufhaltsame Entwicklung der Technik, die Entfesselung grauenvoller Zerstörungskräfte in unserem Jahrhundert haben begonnen, die menschliche Kultur und Zivilisation zu durchdringen und das Leben der Menschen wie auch ihr Verhältnis zu den göttlich-geistigen Wesenheiten von Grund auf zu verändern. Die Widersachermächte sind dabei, eine Welt zu errichten, die tief unter die Natur herabsinkt, die sich, so Rudolf Steiner, »nach unten hin von der Natur emanzipiert«. Eine von gleißender Intelligenz und kalter Berechnung erfüllte Welt wird da erbaut, ein Bereich, der sich nicht nur von der Natur, sondern auch von dem wahrhaft Menschlichen und der sonnenhaften Liebessphäre und Geisteskraft des Auferstandenen zu emanzipieren strebt und Mensch und Erde in diese Welt der untersinnlichen Kräfte hineinzubannen trachtet.

Es kann sich nicht darum handeln, das Rad der Entwicklung zurückdrehen zu wollen. Es gilt vielmehr, die Absichten der Widersachermächte zu *durchschauen* und *bewußt* die Kräfte des *Übersinnlichen* zu ergreifen.

Durch die Christustat und durch sein neues Offenbarwerden sind diese Tatsachen im Erdenreich anwesend als »der Erde innerlichstes Himmelsfeuer«, wie Christian Morgenstern es aussprach.[43] An diesen reinen Flammen können wir unseren Willen, unsere Herzen und Geister so entzünden, daß sie brennen für die Rettung der Zukunft von Menschheit und Erde!

Licht ist Liebe

Licht ist Liebe ... Sonnen-Weben
Liebes-Strahlung einer Welt
schöpferischer Wesenheiten –

die durch unerhörte Zeiten
uns an ihrem Herzen hält,
und die uns zuletzt gegeben

ihren höchsten Geist in eines
Menschen Hülle während dreier
Jahre: da Er kam in Seines

Vaters Erbteil – nun der Erde
innerlichstes Himmelsfeuer:
daß auch sie einst Sonne werde.

Christian Morgenstern (1871-1914)

Anmerkungen

1 Phobos bedeutet im Griechischen Furcht, Schrecken. Man kannte im alten Griechenland auch einen Dämon Phobos, den Sohn und Gefährten des Kriegsgottes Ares, dessen Wüten bei den Menschen Furcht und Entsetzen hervorrief.

2 Karl König, *Über die menschliche Seele*, Stuttgart [2]1995

3 Michaela Glöckler, *Vom Umgang mit der Angst*, Stuttgart [2]1993

4 Karl König, *Über die menschliche Seele*, Stuttgart [3]1992

5 Todesangst ist zu unterscheiden von Todesfurcht, die in den Kapiteln über die Furcht betrachtet werden soll.

6 Wenn die Erlebnisse in den Seelengrund hinabsinken, werden sie vom sogenannten Ätherleib aufgenommen, dessen Wirksamkeit Rudolf Steiner u.a. in seiner *Theosophie* beschrieben hat. Der Äther- oder Lebensleib durchdringt den physischen Leib und bewahrt ihn dadurch vor dem Zerfall. Er plastiziert an ihm, ermöglicht Aufbau, Wachstum und Fortpflanzung. Er ist es, der jedes einzelne Erlebnis eines Menschen bewahrt. Im Todesaugenblick löst er sich aus dem physischen Leib heraus, wobei das gesamte Lebenstableau den Menschen in lebendigen Bildern umgibt. Daß die Rückschauerlebnisse bis zur Geburt reichen und auch unbewußt gebliebene Kindheitserlebnisse umfassen, haben klinisch Tote berichtet, so George Ritchie in *Rückkehr von morgen*.

7 Es kann sich im Schöpfungsbericht im ersten Buch Mose nicht um Erdentage von 24 Stunden handeln; die dort beschriebenen »Tage« sind große Werdephasen, Weltentage. Am vierten Welt-Schöpfungs-Tag werden zunächst die Urbilder von Sonne und Gestirnen geschaffen. Erdentage und -nächte entstehen erst in späteren Werdephasen.

8 Der englische Dichter und Mystiker Thomas Traherne (1637-1674) hat dies in wunderbarer Weise beschrieben. Eine Textauswahl gibt das Buch *Verlorenes Paradies. Die Visionen des Thomas Traherne* von Gerhard Döring und Ernst Lehrs, Stuttgart 1996

9 Karl König, *Über die menschliche Seele*, Stuttgart ^{2}1995: »Sobald wir es [ein Ding] berühren, sind wir überzeugt, daß es existiert. Der Tastsinn bestätigt uns die physische Realität eines Gegenstandes oder eines Wesens. In ähnlicher Weise versichert er uns der göttlichen Gegenwart. Das letztere Erlebnis ist kein bewußtes, vollzieht sich aber in den Tiefen unseres Unbewußten. Es bildet eine der Grundlagen unseres Lebens. Wir wissen von Gott, weil wir seine Gegenwart unterbewußt erleben – durch unseren Tastsinn.«

10 siehe Anmerkung 9

11 Jacques Lusseyran, *Das wiedergefundene Licht*, Stuttgart ^{11}1994

12 William Shakespeare, *Der Kaufmann von Venedig*, 5. Aufzug, 1. Szene.

13 Johann Wolfgang von Goethe, *Faust. Der Tragödie erster Teil*, Nacht.

14 Rudolf Steiner, *Glaube, Liebe, Hoffnung*, Vortrag vom 2. Dezember 1911 (GA 130)

15 Jacques Lusseyran, siehe Anm. 11

16 Friedrich Rittelmeyer (1872–1938), Theologe und Mitbegründer der Christengemeinschaft.

17 Name des Gottesdienstes in den Gemeinden der Christengemeinschaft.

18 Nelly Sachs, *Sternverdunkelung*, Gedichte, Frankfurt/M.

19 Hans-Werner Schroeder, *Das Gebet. Übung und Erfahrung*, Stuttgart [3]1988.

20 Hans-Werner Schroeder, siehe Anm. 19

21 Jacques Lusseyran, *Der Blinde in der Gesellschaft*, in: *Ein neues Sehen der Welt*, Stuttgart [2]1995

22 Jacques Lusseyran, siehe Anm. 11

23 Jacques Lusseyran, siehe Anm. 11

24 Raymond A. Moody, *Leben nach dem Tod*, Reinbek 1977

25 George Ritchie, *Rückkehr von morgen*, Marburg [2]1983

26 Christian Morgenstern, *Wir fanden einen Pfad*, in: Werke und Briefe, Band II: Lyrik, Stuttgart 1992, S. 223

27 C. v. Borck, in: *Die Christengemeinschaft*, März/April 1947

28 Dieses Wort gab es allerdings damals noch nicht. Es bildete sich im deutschen Sprachraum erst in der Zeit der Reformation.

29 Johann Wolfgang von Goethe, *Wilhelm Meisters Wanderjahre oder Die Entsagenden* (1828/29), 2. Buch, 1. Kapitel.

30 Rudolf Steiner, *Wie erlangt man Erkenntnisse der höheren Welten*, Dornach [24]1993

31 Goethe, *Der west-östliche Divan*, Selige Sehnsucht.

32 Johann Peter Eckermann, *Gespräche mit Goethe in den letzten Jahren seines Lebens*, 2 . Mai 1824

33 Raymond A. Moody, siehe Anm. 24

34 Wolfganz Pelzer, *Janusz Korczak*, Reinbek 1987

35 Rudolf Steiner, *Der Orient im Lichte des Okzidents*, Vortrag vom 29. 8. 1909 (GA 113) Dornach ^{53}1982

36 Emil Bock, *Das Evangelium. Betrachtungen zum Neuen Testament*, Kapitel: Die »Wunder« im Evangelium, Stuttgart ^{2}1995

37 Rudolf Steiner, *Das Christentum als mystische Tatsache* (GA 8), Kapitel: Die griechischen Weisen vor Plato im Lichte der Mysterienweisheit, Dornach ^{9}1989

38 Gundhild Kačer-Bock, *Emil Bock. Leben und Werk*, Stuttgart 1993

39 Friedrich Hölderlin, aus *Patmos.*

40 Goethe, *Faust. Der Tragödie zweiter Teil*, Grablegung.

41 Emil Bock und Robert Goebel, *Die Katakomben. Bilder aus der Welt des frühen Christentums*, Stuttgart 1930

42 Goethe, *Faust. Der Tragödie erster Teil*, Vor dem Tor.

43 Christian Morgenstern, *Wir fanden einen Pfad*, in: Werke und Briefe, Band II: Lyrik, Stuttgart 1992, S. 222

phoenix

Der Vogel Phoenix ist seit altersher das Symbol für innere Neugeburt aus Krisen, innerer Not und Zerfall. Damit ist ein Motiv angeschlagen, das heute überall dort zunehmend an Bedeutung gewinnt, wo Menschen auf der Suche nach neuen Maßstäben, Leitgedanken und seelischer Stärkung sind.

Die Bücher, die in dieser Reihe erscheinen, sind von erfahrenen Seelsorgern verfaßt und ohne weiteres allen christlichen Konfessionen zugänglich, da sie von modernen religiösen Grunderfahrungen ausgehen, wie sie heute von jedermann gemacht werden können. Ein gemeinsames Anliegen der Autoren besteht darin, in zeitgemäßer Sprache Hilfen und zugleich praktische Anregungen zu eigenen Erlebnissen zu geben ohne irgendwie missionieren zu wollen.

Die phoenix-Reihe
- vermittelt Antworten auf drängende Lebensfragen,
- bietet Orientierung bei Krisen und ihrer Überwindung
- erschließt Evangelium und Sakramente als Hilfe im täglichen Leben.

VERLAG URACHHAUS

Die Deutsche Bibliothek – CIP-Einheitsaufnahme
Osterwald, Gertrud: Wiedergeburt aus dem Abgrund:
die Überwindung von Angst und Furcht / Gertrud Osterwald. –
Suttgart: Urachhaus, 1996 (phoenix; 1)
ISBN 3-8251-7091-8
NE: GT

ISBN 3-8251-7091-8

Umschlag: Walter Schneider, unter Verwendug des
Gemäldes »Räume« von Sonia van der Klift
Druck: WB-Druck, Rieden